# 밥 프록터
# 부의 법칙

부와 성공의 자아를 창조한

역대 부자들의 비밀

밥 프록터·샌디 갤러거

# THE SECRET OF THE SCIENCE OF GETTING RICH

## 밥 프록터 부의 법칙
부와 성공의 자아를 창조한 역대 부자들의 비밀

오픈도어북스는 (주)하움출판사의 임프린트 브랜드입니다.

초판 1쇄 발행 24년 10월 23일

지은이 ┃ 밥 프록터 • 샌디 갤러거

옮긴이 ┃ 정미나

발행인 ┃ 문현광

책임 편집 ┃ 이건민

교정·교열 ┃ 신선미 주현강

디자인 ┃ 양보람

마케팅 ┃ 심리브가 박다솜 정다은 박서정

업무지원 ┃ 김혜지

펴낸곳 ┃ (주)하움출판사

본사 ┃ 전북 군산시 수송로315, 3층 하움출판사

지사 ┃ 광주광역시 북구 첨단연신로 261 (신용동) 광해빌딩 6층 601호, 602호

ISBN ┃ 979-11-94276-24-1 (03190)

정가 ┃ 19,800원

이 책의 전부 또는 일부 내용을 재사용하려면 사전에 저작권사
(주)하움출판사의 동의를 받아야 합니다.
오픈도어북스는 참신한 아이디어와 지혜를 세상에 전달하려고 합니다.
아이디어와 원고가 있으신 분은 연락처와 함께 open150@naver.com로 보내 주세요.

부와 성공의 자아를 창조한 역대 부자들의 비밀

# 밥 프록터
# 부의 법칙

**밥 프록터 · 샌디 갤러거** │ 공저

# BOB PROCTOR

# 차례

## 제10장

사소하지만
위대하게,
매 순간 성장하라

프롤로그

# 모든 것은
# 우리 안에 있다

# 모든 것은 우리 안에 있다

샌디 갤러거

이 책은 단순히 부의 비결을 마구잡이로 짜깁기한 책이 아니다. 삶을 풍요롭게 일구기 위해 과학적으로 면밀하게 구성된 체계적인 전략 그 자체이다.

별의별 일이 다 벌어지는 요즘 세태 속에서 우리는 좋고 나쁨을 분간하려 든다. 하지만 우리에게는 선택권이 있으니 판단은 당신의 몫이다. 우리는 좋은 것과 나쁜 것 가운데 하나를 선택할 수 있으며, 그 선택에 집중할 수 있다.

미국의 컴바인드 보험사(Combined Insurance) 설립 외에 수많은 성과를 이뤄 낸 클레멘트 스톤*(Clement Stone, 무일푼으로 시작해 미국 50대 부자로 선정된 자선 사업가이자 자기계발서 작가로, 미국 역사상 최고의 세일즈맨이라 불리는 사람)은 누가 무슨 말을 하든 괜찮다고 말하기를 인생 철학으로 삼았다. 누군가 그에게 다가와 건물이 화재로 전소되었다고 말해도 그는 괜찮다고 대답한다. 이유를 물으니 그는 어떤 일이든 괜찮다고 말하면 그 일에서도 좋은 면을 찾게 되기 때문이라고 답했다. 새겨들을 만한 좋은 교훈이지 않은가.

밥 프록터가 성공학에 발을 들이게 된 첫 계기는 나폴레온 힐(Napoleon Hill)의 명저 《생각하라 그리고 부자가 되어라(Think and Grow Rich)》였다. 이 책에서는 "먼저 풍요로움을 생각하라. 마음가짐을 잘 단련하면 오늘부터 당장 상당한 소득을 올릴 수 있다."라고 말한다.

밥은 일단 청구서나 빚에 대한 걱정은 멈추고, 이제는 풍요로움을 추구하며 점차 부자가 되는 것을 목표로 세웠다. 생각을 바꾸니 대반전이 일어났다. 밥은 그의 멘토가 알려준 이 지침을 연구하며 따르기 시작한 뒤로 소득에 큰 변화가 생겼다. 당시 4,000달러였던 연 소득이 1년 후 175,000달러 이상으로 상승한 것이다. 당신도 밥이 따른 지침을 유념하며 끊임없는 연구와 사고를 통해 실천한다면 당신의 연 소득을 월 소득으로 만들 수 있다. 물론 밥은 이미 그 비율마저 넘어섰다.

밥이 지닌 훌륭한 자질 한 가지는 자기 절제력이다. 이는 자신에게 지시를 내리고, 그에 따르는 능력이다. 이제부터 당신도 풍요로움을 생각하며 절제력을 발휘해 그 개념을 열심히 학습하길 바란다. 자기 조절 능력이 높아질수록 이 책을 통해 얻는 바도 그만큼 커질 것이다. 여기에서 무엇보다 중요한 개념은 풍요로움과 번영, 삶의 충족감이다.

> "자기 절제력이란 스스로에게 지시를 내리고,
> 그에 따르는 능력이다."

로이드 코넌트(Lloyd Conant)와 얼 나이팅게일(Earl Nightingale)은 성공을 주제로 한 오디오 강연 사업을 시작한 사람들이다. 밥이 미국 영주권을 얻어 미국에 정착하려 애쓰던 1968년, 로이드가 밥을 저녁 식사에 초대했다. 밥은 로이드에게 어떤 계기로 사업을 시작하게 되었느냐고 물었다. 이에 그는 "이 책 덕분이었죠."라고 대답했다.

그 책은 1910년에 출간된 월러스 워틀스(Wallace Wattles)의 《부의 과학(The Science of Getting Rich)》이었다. 로이드는 이 책에 푹 빠진 나머지 하룻밤 사이에 책을 다 읽었다. 또 그는 이후에도 그 책을 여러 차례 읽었다고 말해 주었다.

그에 밥은 흥미를 느끼며 "저도 그 책을 꼭 읽어 봐야겠네요."라고 대답했다. 그러자 로이드가 책을 건네주었고, 밥은 곧바로 책을 읽어 나가기 시작했다. 이후로 그 책을 손에서 놓지 못할 정도로 여러 차례 정독했다.

워틀스의 책에서 영감을 받은 또 다른 사람으로는 론다 번(Rhonda Byrne)이 있다. 그녀는 2006년에 개봉되어 우리에게 동기부여를 선사한 다큐멘터리 영화 〈시크릿(The Secret)〉을 제작하기도 했다. 밥이 《부의 과학》의 애독자임을 알고 있었던 그녀는 밥을 영화에 출연시켰다.

그리고 그해, 그 책은 내 삶까지 바꾸어 놓았다. 워싱턴주 밴쿠버에서 열린 밥의 세미나에 처음으로 참석한 날이 2006년 8월 18일이었기 때문이다. 그날은 두고두고 잊지 못할 감동의 날이었다.

당시 나는 기업증권 관련 변호사로 일하고 있었다. 간단히 소개하자면 은행의 합병 및 설립을 맡기도 하고, 주식 상장 등 증권 업무의 처리를 돕는 일도 했다. 그때는 변호사로서 상당히 잘나가고 있었다. 지분파트너 자리에 올라 억대 연봉을 받았고, 앞길도 탄탄대로였다.

세미나에 참석한 날, 현장에서 밥이 무대로 걸어 나와 말문을 연 순간부터 나는 그에게 관심이 쏠렸다. 그리고 내 귀에 들려오는 그의 말이 흥미롭게 다가왔다. 어느새 그가 내 머리를 떼어내 마구 흔들어 놓은 다음 다시 붙여 놓은 듯한 기분이 들면서 나는 삶의 모든 것을 돌아보게 되었다. 그때 마치 갑자기 밝은 빛이 번쩍이면서 세상이 확장되는 듯함을 느꼈다.

밥의 '부의 과학' 세미나에 참석한 지 3일 이후부터 내 삶은 송두리째 바뀌었다. 세미나 중 밥은 다음과 같이 청중에게 거듭 질문한 적이 있다.

"여러분이 진정으로 원하는 게 무엇인가요? 남들이 당신에게 바라는 일은 생각하지 마세요. 자신이 할 수 있을 것 같은 일만 생각하지도 마세요. 자신의 마음속을 파고들어 보세요. 뭐든 할 수 있다면 무엇부터 하고 싶으신가요? 어떤 삶을 원하시나요? 이루고 싶은 건 무엇인가요?"

내가 가지고 있던 《부의 과학》은 표지가 녹색인 소형 양장본 책자였다. 나는 책장을 넘기고 작은 글씨로 다음과 같은 글을 적었다.

> 나는 이 회사의 핵심층에 들어가고 싶다. 밥 프록터와 가장 가까운 고문이 되고 싶다. 그와 함께 여러 기업과 이사회와 중역진을 끌어들일 만한 프로그램을 만들고 싶다.

글을 다 쓴 후에는 책을 꼭 덮었다. 그 글을 아무에게도 보여 주고 싶지 않았다. 아무에게도 말하지 않고 혼자만 알고 싶었다. 그러나 내 머릿속에서 재잘거리듯 참견하는 소리가 들려왔다. "네가 뭔데? 넌 일개 변호사일 뿐이야. 밥 프록터는 네가 누군지도 모른다고. 퇴직연금과 지분파트너 자리는 어쩌고?"라면서 말이다. 그렇게 마음속에서는 내가 진정으로 원하던 것을 바라면 안 되는 온갖 이유를 계속 늘어놓았다.

그럼에도 나는 굴하지 않고 나만의 바람을 밀어붙이기로 결심했다. 그 아이디어가 너무나 좋아서였다. 주말이 지나 세미나가 끝나기 전에 나는 사람들이 모여 있는 자리에서 말을 꺼냈다. "어떻게 해야 할지 방법은 잘 모르겠지만 일단 하기로 했어요. 이 일이 제가 진정으로 원하는 일이니까요."라고 말이다.

현재 나는 프록터 갤러거 재단(Proctor Gallagher Institute)에서 50%의 지분을 소유하고 있으며, 밥과 환상적인 파트너십을 이루고 있다. 나와 밥은 상상 이상으로 최고의 사업 파트너로서 환상의 팀을 이루었다. 그리고 우리가 좋아하는 일을 하며 전 세계 사람들을 돕고 있다.

이 책의 내용을 차근차근 성실하게 따라간다면 뭐든 가능해질 것이다. 하지만 그다지 흥미롭지 않은 부분도 있을 것이다. 그러나 우리가 제시하는 바를 당신의 삶에 적용할 방법을 진지하게 생각해 본다면 정말로 뭐든 가능해진다. 막대한 부를 축적할 수도 있다.

같은 집에 사는 두 사람을 생각해 보자. 한 사람은 대공황이 찾아온 듯한 상태에서 벗어나지 못하고 있다. 그러나 다른 사람은 일생일대 최고의 경제 호황을 누리는 중이다. 이러한 상황은 어떻게 일어났을까?

후자의 사람은 법칙에 따라 조화를 이루며, 자신이 원하는 바에 대한 멋진 이미지를 가지고 있었기 때문이다. 이러한 생각에 감정을 이입하면서 자신의 진동을 변화시킨다. 이에 따라 꿈꾸던 이미지를 삶에서 실현하는 데 필요한 것들을 모두 자신에게로 끌어당김으로써 큰 부를 만들어 낸다.

반면 다른 사람은 온갖 부정적인 측면에만 집중한다. 이 사람은 자신이 어떠한 일을 할 수 없는가를 생각한다. 그렇게 그 사람은 주변의 나쁜 소식이나 부정적인 사건만을 찾는다.

두 사람 모두 틀린 인생은 아니다. 모든 것은 양날의 검과 같기에 어떤 관점을 택하든 틀린 것은 없다. 그러나 둘 중 하나를 굳이 선택해야 한다면 어느 쪽에 있고 싶은가? 물론 당신이 바라는 결과를 얻게 될 쪽에 있고 싶어 해야 마땅하다. 이 책의 내용을 따라 아이디어를 생각하고 실천한다면, 당신에게 그야말로 환상적인 미래가 펼쳐질 것이다.

사람은 누구나 자유를 원한다. 우리가 자유를 그토록 절실히 원하는 이유는 바로 우리가 정신적 존재이기 때문이다. 우리의 정신은 확장과 자유, 그리고 더 충만한 표출을 원한다. 우리는 마음속의 열망과 함께 자신을 드러내고 싶어 한다. 그것이 바로 우리가 갈망하는 것이다.

우리는 시간과 돈에서 자유롭기를 바란다. 월스트리트에서 처음 변호사로 활동하던 시절을 되돌아보면, 당시에는 시간적, 경제적 자유가 없었다. 돈을 많이 벌더라도 하루하루가 고되고 단조로웠다. 동료들과 나는 남들과 다르게 살아가는 방법을 모른 채 그러한 나날을 이어갔다.

> "모든 것은 양날의 검과 같기에
> 어떤 관점을 택하든 틀린 것은 없다.
> 그러나 둘 중 하나를 굳이 선택해야 한다면
> 어느 쪽에 있고 싶은가?"

그것이 우리에게 인식력이 필요한 이유이다. 많은 이들의 걱정거리인 돈 걱정을 할 필요가 없어진다면 자유 시간이 놀라울 만큼 늘어난다. 나는 억대 연봉을 받고 있을 때도 더 많은 돈을 벌 방법을 궁리했다. 법률 서비스 건수를 높이고, 도움을 줄 고객을 더 늘리려면 어떻게 해야 할지를 고민하다 보니 툭하면 녹초가 되기 일쑤였다.

　그리고 변호사 수임료는 시간에 따라 책정된다. 그러나 하루는 24시간으로 한정되어 있기에 자꾸만 더 많은 시간을 일해야 한다는 초조한 생각에 사로잡혔다. 그때 나의 인식력은 아직 다른 관점을 취할 수 있는 단계에 닿지는 못했다.

　인식력은 모든 것을 결정한다. 부자가 될 능력이 바로 인식력에 달려 있다. 인식의 수준을 바꾸지 않으면 삶의 결과도 바뀌지 않는다. 인식과 의식은 말 그대로 가장 중요한 요소이다.

　의식을 하나의 점이라 생각해 보자. 우리의 인식을 넓히기 시작하면, 그 점 또한 점차 커지면서 원으로 바뀌는 것을 볼 수 있다. 즉 당신의 세상이 확장된다는 것이다. 이를 통해 당신의 세상이 얼마나 커지는지 직접 경험하기를 바란다. 작은 변화만으로도 당신의 세계는 극적으로 넓어질 것이다.

　우리는 경험을 통해 인식을 쌓는다. 우리가 오감을 통해 느끼는 모든 감각이 우리의 인식력을 넓힌다. 앞으로 이 책에서 접하게 될 경험 역시 새로운 사고방식을 통해 당신의 인식력을 확장할 것이다. 과학적으로 심오한 지혜를 체계적으로 알려주는 이 책의 가르침을 따르다 보면 당신의 삶에서 큰 발전을 이루게 될 것이다.

따라서 우리는 끊임없이 인식을 넓혀야 한다. 이와 관련하여 한 사람을 생각해 보자. 한 사람의 연 소득이 10만 달러인데, 월 소득으로 10만 달러를 벌고 싶어 한다면 인식력을 쌓아야 한다. 그 사람의 연봉이 10만 달러인 것은 그가 원하던 결과는 아니다. 그 연봉의 액수를 월급으로 만들 방법을 인식하지 않았기 때문이다.

그 사람이 그러한 방법을 인식하게 된다면 앞으로 연봉 10만 달러에서 벗어나지 못할 것이라 한탄할까? 전혀 그렇지 않을 것이다. 우리는 정신적 존재이고, 정신은 확장과 더 충만한 표출을 원하기 때문이다.

우리는 도움을 베풀 수 있는 사람이 되어 더 많은 선(善)을 행할 필요가 있다. 10만 달러의 연봉을 월 소득으로 만들면 더 많은 선을 행할 100만 달러가 생긴다.

그렇다면 인식의 수준을 높일 방법은 무엇일까? 바로 뛰어난 전문가의 지도 아래 적정 기간 동안 효율적인 교육을 받는 것이다. 하루도 빠짐없이 공부하고, 당신의 인식을 계속 축적하면 돈을 버는 노하우도 늘어날 것이다.

나는 고등 교육을 받으며 고학력의 스펙을 쌓았다. 로스쿨 졸업 후에는 22년간 변호사로 활동했다. 당시 나는 은행법 부문 전국 1위의 법학도로서 미국 법학상을 수상하기도 했다. 그리고 월스트리트의 최고 로펌에서 실력을 인정받으며 나름 잘나갔었다.

> "인식력의 수준을 높일 방법은 무엇일까?
> 뛰어난 전문가의 지도 아래 적정 기간 동안
> 효율적인 교육을 받는 것이다."

나는 성공했을까? 물론이다. 하지만 22년을 되짚어 보면 밥과 파트너십을 맺은 이후 부의 법칙을 공부한 15년의 시간 앞에서는 변호사 시절도 빛이 바랜다. 이후로 내 수입은 몇 배로, 믿기지 않을 만큼 뛰었다.

지금의 나는 예전보다 훨씬 더 폭넓고 화려한 삶을 누리고 있다. 전 세계적으로 깊은 친선 관계를 맺어 왔으며, 매일 멋진 팀과 일하고 있다. 나는 지금의 삶이 너무나 좋다. 이 모두가 자기 절제, 연구, 인식의 확장으로 일어난 변화이다. 이 책에서 전하는 메시지에 진지하게 임한다면 당신의 삶에도 달콤한 결실이 맺힐 것이다.

한편 어둠을 무서워하는 아이의 모습은 안쓰러움을 자아낸다. 이와는 다르게 어른들은 대부분 빛을 두려워하고 있다. 나는 그 모습이 훨씬 애처로워 보인다. 심지어 스스로 무엇을 두려워하는지조차 모르는 모습은 더욱 안타깝다. 당신만큼은 그렇지 않길 바란다. 끊임없이 더 많은 빛을 모아 어둠을 몰아내면서 인식력을 넓히도록 하자.

또한 위와 관련하여 아주 중요한 진실 한 가지가 있다. 그 진실은 당신이 무언가를 간절하게 원한다면 그것 또한 당신을 찾아온다는 것이다. 밥에게 처음 이 말을 들었을 때 나는 그 말이 대체 무슨 소리인가 싶었다.

하지만 이렇게 생각해 보면 어떨까. 당신이 바라는 것에 대한 생각에 몰입하면 당신은 그 생각을 잠재의식 속에 중요하고 멋진 이미지로 각인시킨다. 그에 따라 당신의 진동을 바꾸어 필요한 것을 당신에게로 끌어당긴다. 따라서 당신이 중요한 목표를 추구한다면, 그 목표가 당신이 원하던 것을 당신 쪽으로 다시 끌어당기는 것이다. 즉 당신이 추구하는 모든 것 또한 당신을 원한다고 할 수 있다.

다시 한번 강조하지만, 당신이 원하는 삶으로 향하는 비결은 인식이다. 그러므로 인식을 넓히는 것이 중요하다. 사실 대다수 사람은 그러한 노력을 하지 않으려 한다. 그러나 당신이 매일 인식을 넓히면서 공부를 게을리하지 않고, 삶 속에서 실천할 수 있는 좋은 아이디어를 얻기 위해 힘을 쏟는다면 절대 실패하지 않을 것이다. 오히려 큰 보상을 얻을 것이다.

그리고 모든 일은 결정에서 시작된다. 이 책을 읽는 내내 당신은 결정의 순간과 끊임없이 마주칠 것이다. 다음과 같이 스스로에게 이런저런 질문을 던지면서 말이다.

'이 일이 내가 원하는 일인가?'
'내가 저 일에 투자를 하고 싶어 하는가?'
'내가 그 목표를 추구하고 싶어 하는가?'

그러다 문득 마음속으로 굉장한 깨우침이 날아들면서 인식력이 높아지고, 이에 따라 아이디어가 샘솟을 것이다. 나 또한 세미나에 처음 참석했을 때 그와 같은 벅찬 느낌을 경험했다. 그 순간만큼은 내가 완전히 다른 차원으로 진동하고 있는 기분이었다. 벌써 내 마음은 이사회와 중역진을 떠올리며 프로그램을 만들 아이디어를 이리저리 구상하고 있었다.

## 이 책을 최대한 활용하는 팁

1. 매일 당신의 인식력을 넓히는 노력을 하며, 이 책의 내용을 공부하라.
2. 책에 제시된 개념을 기반으로 신속하게 결정하되, 그 결정을 웬만하면 바꾸지 말라.
3. 마음을 열고 이 책에 등장하는 개념을 깊이 이해하라.
4. 당신이 진정으로 원하는 것을 마음속으로 질문하라.


앞으로 당신에게 결정의 순간들이 계속 이어질 것이다. 그때는 빠르게 결정을 내리고, 그 결정을 웬만해서는 번복하거나 바꾸지 말라. 그것이 성공에 이르는 중요한 열쇠다.

앞서 말한 바와 같이 나는 2006년 8월 18일 워싱턴주 밴쿠버에서 열린 세미나에서 그러한 결심을 한 적이 있었다. 나는 그 결심을 번복하지 않았음에 정말 감사하고 있다. 이와 같은 확고한 결심에는 어마어마한 힘이 내재되어 있다.

부디 당신도 빠른 결심을 통해 진정으로 원하는 삶을 살기 바란다. 나는 밥을 만난 이후 그와 사업 파트너의 관계로 나아가게 되어 너무나 감사하다. 밥은 정말로 대단한 사람이다.

그리고 마음을 열고 당신의 아이디어를 깊이 이해하라. 당신이 무엇을 진심으로 원하는지 말이다. 나는 마음을 열고 밥의 말을 귀 기울여 들었다. 상상력을 마음껏 펼치며 결심을 내린 뒤, 나는 힘든 일들을 헤쳐 나갔고, 그 보상은 굉장했다. 당신 또한 나와 같은 보상을 얻길 바란다.

제1장

# 누구나
# 부자가 될 권리가 있다

## 모든 것은 내면의 움직임에서 시작된다

로이드에게서 《부의 과학》을 건네받은 때부터 내 삶은 송두리째 바뀌었다. 나는 이 책을 통해 사람들이 대부분 잘 알지 못하는 것을 배우면서 차츰 깨닫게 되었다. 평생토록 많은 이에게 알쏭달쏭한 수수께끼로 남았던 중요한 사실에 눈을 뜨게 된 것이다.

이 책을 읽어 나가다 보면 고정관념에서 벗어난 개념 몇 가지를 접하게 될 것이다. 물론 '말도 안 돼. 이 사람은 정말로 저걸 믿는 거야?'라고 생각할 수 있다. 그러나 우리는 그 개념을 이미 믿고 있으며, 스스로 그 자체가 되어 살아간다. 또한 우리는 그러한 개념을 언제나 삶 속에서 실천하고 있다.

나는 매일 새벽 5시에서 5시 반 사이에 일어난다. 일어나면 가장 먼저 공부부터 시작하는데, 그 후 절대 멈추지 않는다. 공부는 우리에게 무한한 성장의 동력을 제공하기 때문이다. 현재 당신의 지혜가 어떤 수준이더라도 당신은 앞으로 더 지혜로워질 수 있다.

지혜는 의심, 걱정과 정반대의 상태이다. 지금의 자신이 걱정되고 의심스럽다면 지혜가 답이다. 모든 것을 바쳐서라도 지혜를 배워라. 이 책에서 배운 내용을 마음속에 채우다 보면 지혜를 끌어당기게 되고, 그에 따라 지혜의 진동 상태에 들어서게 될 것이다.

끌어당김의 법칙은 부차적인 법칙일 뿐 주된 것은 아니다. 제1의 법칙은 **진동의 법칙**이다. 이 법칙에 따르면 모든 것은 움직이며 정지해 있는 것은 아무것도 없다. 당신이 있는 방 안의 물건이 겉보기에 모두 정지해 있는 것 같지만 실제로는 움직이고 있다. 사실 너무 빠르게 움직이고 있어서 멈춘 것처럼 보일 뿐이다.

당신의 몸도 마찬가지로 1초에 4,000만 개의 세포가 아주 빠른 속도로 움직이고 있지만, 멈춰 있는 것처럼 보인다. 따라서 우리는 우주 전체가 우연이 아닌 일정한 법칙에 따라 움직인다는 점을 이해해야 한다.

위와 같은 사실을 처음 알게 된 1961년, 나는 불만족스러움에 시달리고 있었다. 몸은 몸대로 안 좋았으며, 돈까지 궁했다. 고등학교를 두 달 다니다 중퇴한 것이 나의 최종 학력이었고, 변변한 경력조차 없었으며 태도는 삐딱했다. 심지어 그 책의 저자들을 향해 미쳤다고 말하는 무모함까지 저질렀다.

우리는 이해할 수 없는 대상을 비방하거나 조롱하는 경향이 있다. 젊은 시절의 나 역시 저자들이 말하고자 하는 바를 도무지 이해할 수가 없어서 그냥 미쳤다고 말하며 좋은 기회를 날리고 말았다. 이쯤에서 메모장과 펜을 가져와 다음의 글을 적어 보길 권한다.

무엇도 거부하지 말라.
무엇도 받아들이지 말라.

뭔가를 거부해서도, 받아들여서도 안 된다. 여기에서 주목해야 할 멋진 진실이란 우리에게 선택 능력이 있다는 사실이다. 어떠한 생각을 받아들이고 싶지 않더라도 거부해서는 안 된다.

대신 모든 것에 귀를 기울여라. 그리고 그 생각에 주의를 기울여 곰곰이 생각하자. 사고는 우리에게 탑재된 최고의 기능이지만, 안타깝게도 이 기능을 충분히 활용하지 못하고 있다.

작가 스튜어트 에드워드 화이트(Stewart Edward White)와 하우드 화이트(Harwood White)가 피력한 바와 같이 우리가 지혜를 얻는 방식은 참으로 기묘하다.

같은 진실이 몇 번이고 거듭해서 쏜살같이 눈앞에 들이닥치지 않는가.

처음에 어떠한 진실을 글로 읽는 것부터 생각해 보자. 이어서 글로 인지한 진실을 실제로 경험한다. 그러다 점점 그 조언에 동의하게 되면서 머리로는 인정하게 된다. 그러나 내면에서는 아무 일도 일어나지 않는다.

그러던 어느 날, 일상에서 사소한 경험이나 대화 또는 우연한 만남에서 진실을 마주한 순간, 하던 일을 갑자기 멈춘다. 그리고 의식의 심연까지 비추는 빛줄기가 쏟아지면서 진실이 온전히 드러난다. 그러면 이제야 오래도록 진실을 이해하지 못한 채 지나쳤음을 스스로 깨닫게 된다.

내면에서 반응이 일어나지 않는다면, 외부 또한 멈춰 있다. 그러니 통장 잔고를 늘리거나, 애정 어린 관계를 맺고, 사업을 키우고 싶다면 내면부터 바꾸어야 한다.

**이 책에서 따라야 할 밥 프록터의 법칙**

1. 무엇도 거부하지 않는다.
2. 무엇도 받아들이지 않는다.
3. 모든 것에 귀를 기울인다.
4. 모든 것에 대해 곰곰이 생각하며 주의를 기울인다.
5. 마음에 와닿는 개념을 적용한다.

# 우리의 정신에 인생을 바꿀 열쇠가 있다

나폴레온 힐은 평생에 걸쳐 세계에서 가장 성공한 500인을 연구하는 일에 매진했다. 그렇게 알아낸 사실을 기반으로 성공의 법칙을 만들었고, 《생각하라 그리고 부자가 되어라》를 집필하기에 이른다.

이 책은 헨리 포드(Henry Ford), 킹 질레트*(King Gillette, 미국의 면도기 및 면도용품 브랜드 질레트의 창립자), 토머스 에디슨(Thomas Edison)을 비롯해 1908년부터 1937년까지 세계에서 가장 성공한 500인이 한 최고의 생각에 깃든 본질을 소개하고 있다. 이에 따르면 성공을 보장하는 근원은 많은 글을 무작정 읽거나 외우는 것이 아니다. 바로 현명한 아이디어를 이해하고 적용하는 데 있다.

한편 로이드 C. 더글러스(Lloyd C. Douglas)는 《숭고한 집착(The Magnificent Obsession)》이라는 책을 집필한 바 있다. 나는 제목을 보고 집착이 어떻게 숭고할 수 있을까 하는 의문이 들었다. 집착이라는 말을 부정적인 의미로 생각하고 있었기 때문이다. 그래서 무슨 의미인가 싶어 책을 읽어 봤는데, 이 책에서는 집착을 다르게 정의하고 있었다. 바로 '대체로 터무니없게 여겨질 만한 생각에 크게 동요하여 그 생각을 놓지 못하고 매달리는 것'이다.

"집착이란 대체로 터무니없게 여겨질 만한 생각에 크게 동요하여 그 생각을 놓지 못하고 매달리는 것을 의미한다."

로이드 C. 더글러스

물론 집착이라도 때에 따라 긍정적으로 작용할 수 있다. 당신의 능력에는 한계가 없다. 당신의 정신적 DNA는 완벽하다. 그 말의 의미는 바로 당신은 최고의 피조물이라는 것이다. 지구의 그 어떤 피조물도 당신에 비할 바가 못 된다.

지구의 다른 피조물은 모두 저마다 적응한 환경을 더없이 편안하게 느끼지만 우리는 한 곳에 묶여 있지 않다. 우리는 환경을 창조하는 최고의 능력을 물려받았기에 환경에 휘둘리지 않는다. 지금까지 알려진 바로는 다른 어떠한 생명체도 그 정도의 정신적 능력을 갖추지 못했다.

또한 우리에게는 **완벽함**이 내재되어 있다. 이는 당신의 존재와 의식의 핵심이며, 완벽함은 끊임없이 당신의 안팎으로 표출되기를 바란다. 당신이 항상 더 많은 것을 원하는 이유가 바로 여기에 있다. 그 이유는 당신이 욕심이 많아서, 지금 가진 것으로 성에 차지 않아서가 아니다. 당신이라는 존재의 본질이 스스로 더 뛰어난 존재로 표출되기를 원하기 때문이다. 이는 달리기를 할 때 더 빨리 달리고, 점프를 할 때 더 높이 뛰고, 장사를 할 때 더 상품을 더 많이 판매하고 싶어 하는 것과 같다.

혹자는 자신을 두고 신체적 경험을 하는 정신적 존재라고 말하기도 한다. 당신이야말로 지금 생에서 바로 그런 존재이다.

동물의 왕국에 속하는 존재와 우리를 구별 짓는 점은 바로 지성이다. 우리는 지성을 적절히 활용함으로써 감정을 조절하고 바꿀 수 있다. 또한 지성은 감정을 촉발한다.

이번에는 정신에 대해 살펴보자. 정신은 어디에 있을까. 인간의 정신세계를 다룬 뛰어난 고전인 바가바드 기타*(Bhagavad Gita, '거룩한 자의 노래'라는 뜻으로, 인도의 대서사시 〈마하바라타(Mahabharata)〉의 일부인 인도 힌두교 경전의 하나), 쿠란(Quran), 토라(Torah, 유대교 경전), 성경에서는 모두 정신이 어디에나 존재한다고 말한다. 정신은 언제, 어디에서나 동등하게 존재한다.

미국 우주 프로그램의 아버지인 베르너 폰 브라운(Wernher von Braun)은 역사상 가장 위대한 과학자로 꼽을 만한 인물이다. 그는 수년간 우주의 장엄한 신비를 연구해 왔다. 그는 우주의 법칙이 한 치의 오차도 없이 정확하다고 말했다. 따라서 우주선을 만들어 달로 사람을 보내면서 착륙 시간을 1/n초 단위까지 맞추는 일에도 어려움이 없다고 하였다. 이에 브라운은 이 정도의 정확함이 누군가의 설계에 따른 것은 아닐까 하는 생각을 한 적이 있다고 밝혔다.

당신의 인격에서 정신적인 것이 가장 높은 차원에 속하며, 가장 낮은 차원에는 신체적인 것이 있다. 이 점을 깨닫기 위해 노력해야 한다. 당신은 지성을 타고났으며, 지성으로 세상을 바꿀 수 있다. 이처럼 모든 진동의 주파수는 양극단에 연결되어 있다. 그렇기에 우리는 더 높은 차원을 활용해 낮은 차원을 바꿀 수 있다. 인간을 제외한 다른 생명체는 그렇지 못한다.

> "당신의 인격에서 정신적인 것이 가장 높은 차원에 속하며,
> 가장 낮은 차원에는 신체적인 것이 있다."

# 뿌린 대로 거두는 잠재의식

당신이 알아야 할 또 하나의 개념이 있다. 물을 가열하면 물은 물로 존재하지 않고 점차 수증기로 변하면서 더는 물이라고 부를 수 없는 것이 된다. 계속 가열한다면 수증기는 공기나 가스로 증발하게 된다. 수증기가 물보다 더 높은 차원에 있다면, 공기는 수증기보다 더 높은 차원에 있다. 이 모두가 서로 연결되어 있다.

위의 사례는 우주의 첫 번째 법칙인 '에너지의 끊임없는 변화'이다. 에너지는 형태를 갖추어 유지하다가 그 형태를 탈피하는 과정을 끊임없이 이어 간다. 이는 당신도 가능하다. 당신은 육신에 깃들어 살고 있지만, 실질적으로 지성을 갖춘 정신적인 존재이지 않은가.

그렇다면 우리가 할 수 있는 가장 높은 층위의 기능은 무엇일까? 바로 **생각**이다. 생각은 어디에나 존재한다. 당신이 물속에 잠겨 있거나, 하늘 위에 떠 있거나, 길 위를 걷는 등 어디에 있더라도 생각은 가능하다. 그렇게 마음속에 떠도는 여러 생각을 한데 모아 아이디어를 만든다.

당신의 눈에 보이는 모든 사물이 알고 보면 한때는 하나의 아이디어에 불과했다. 목표 또한 하나의 아이디어이며, 이를 충분한 시간 동안 품으면 반드시 형태를 갖춘다. 이것이 존재의 절대적 법칙이다. 이 멋진 개념을 많은 이들이 모른 채 살아가고 있다.

결과를 바꾸고, 통장 잔고의 자릿수를 바꾸고 싶다면 마음부터 바꿔야 한다. 마음은 당신을 구성하는 분자마다 깃들어 있다. 당신의 손톱에도 머리에 못지않을 만큼 마음이 깃들어 있다. 마음은 곧 움직임이다. 신체는 이러한 움직임을 표출하는 수단으로, 말하자면 마음의 도구이다.

마음은 **의식**과 **잠재의식**이라는 두 부분으로 나뉜다. 의식은 생각하는 당신의 일부이자 지성이 자리한 곳이다. 당신은 의식 속에서 선택에 따라 무엇이든 생각할 수 있다. 제2차 세계대전 중 수년을 나치 강제 수용소에서 갇혀 보냈던 유대인 심리학자 빅토르 프랑클(Viktor Frankl)은 그때의 경험을 저서인 《죽음의 수용소에서(Man's Search for Meaning)》에 담아냈다. 이 책에서 그가 받은 박해와는 별개로 타인이라도 자신이 원치 않는 생각을 강요할 수는 없었다고 술회했다. 이는 당신도 예외는 아니다. 그 누구도 당신에게 생각을 강요할 수 없다. 당신에게는 선택의 능력이 있기 때문이다.

한편 잠재의식은 감정적이다. 따라서 의식과는 큰 차이가 있다. 잠재의식은 의식과는 달리 거부권을 행사할 수가 없다. 그렇기에 생각이 제시되는 대로 받아들여야 한다. 비유하자면 흙과 같아서 뭐든 심는 대로 자란다.

연설가 얼 나이팅게일의 오디오 강연인 '가장 낯선 비밀(The Strangest Secret)'에서 언급한 바와 같이 잠재의식에 옥수수처럼 맛있는 작물도, 까마중처럼 치명적인 독이 있는 식물도 심을 수 있다. 그리고 무엇을 심더라도 아주 풍성하게 자란다. 그만큼 당신의 잠재의식은 실제와 상상을 구분하지 못한다.


우리에게는 의식에서 선택에 따라 생각하는 능력이 있다. 이를 바탕으로 당신이 삶을 바꾸고 싶어 한다고 가정해 보자. 그렇다면 삶을 어떻게 바꾸어야 할까? 그 답은 바로 어떻게 살고 싶은지를 정확하게 생각하면 된다.

우선 삶의 모든 영역에서 어떻게 살고 싶은지를 정확히 적는다. 이때 현재 시제로 서술해야 한다. 그리고 당신의 생각이 잠재의식에 전달되면 잠재의식에서는 그 생각이 이미지일 뿐이라는 사실을 모르기에 마치 실제인 것처럼 받아들인다. 이를 통해 당신은 현재 시제로 쓰인 멋진 이미지를 갖게 되는 셈이다. 그 이미지를 잠재의식에 각인시키면 당신은 이미지와 일치하는 모든 것을 끌어당길 수 있는 진동 상태에 들어서게 된다.

오늘날에는 SNS, 타인, TV, 신문 등을 통해 의식으로 어마어마한 정보가 흘러든다. 하지만 당신에게는 여전히 생각할 힘이 있으니 "그런 정보는 필요하지 않아. 그따위 것들은 필요 없다고."라고 말할 수도 있겠다.

> "삶의 모든 영역에서 어떻게 살고 싶은지를 정확히 적는다.
> 이때 현재 시제로 서술해야 한다. 그리고 당신의 생각이 잠재의식
> 에 전달되면 잠재의식에서는 그 생각이 이미지일 뿐이라는
> 사실을 모르기에 마치 실제인 것처럼 받아들인다."

문제는 막상 실천하지 않는다는 점이다. 그 이유는 생각을 하지 않고 마음만 활짝 열어놓기 때문이다. 그 탓에 온갖 부정적인 정보가 거부권이 없는 잠재의식으로 곧장 흘러들어 부정적 진동 상태에 놓이게 되는 것이다. 그렇다면 우리는 왜 그렇게 사는 것일까? 그런 식으로 살도록 설계되어 있기 때문이다. 이는 패러다임*(paradigm, 일반적으로 '한 시대 사람들의 견해나 사고를 근본적으로 규정하는 인식 체계'라는 뜻에 따라 저자가 유년 시절부터 지금까지의 경험이 잠재의식에 쌓이면서 내면화된 습관이라는 의미로 재정의한 용어), 즉 우리의 잠재의식에 굳어진 여러 가지 습관들 때문이다.

# 과거의 당신에게 휘둘리지 말라

패러다임은 우리 스스로 만들어 낸 것이 아니다. 어릴 때부터 내재화된 것이다. 그 과정은 주변에서 일어나는 일들이 곧바로 개방된 잠재의식으로 흘러드는 것에서 시작한다. 유아기에 주변 사람들이 쓰는 언어를 배우는 이유도 이 때문이다.

영어를 사용하는 가정에 태어난 아기가 바로 고향을 떠나 베이징의 교외 지역에 이사를 간다고 상상해 보자. 그러면 그 아이는 영어가 아닌 중국어를 유창하게 말하며 자라게 될 것이다. 그 아이의 주변에는 온통 중국어로 생활하는 사람들만 있기 때문이다. 이처럼 주변 환경에서 만들어 내는 일 모두가 당신의 잠재의식으로 날아든다.

나는 대공황 시기인 1934년에 태어났다. 그때는 온통 결핍과 불가능뿐이었다. 학교에 다니던 시절에는 제2차 세계대전이 발발하면서 배급제로 전환되었다. 그렇게 그 시절의 일 모두가 내 잠재의식에 각인되었다.

당신은 유아기에 만들어진 이미지를 기억하는가? 그렇다면 그 이미지는 당신이 선택한 것이 아니다. 다른 누군가가 대신 만든 것이다. 당신이 만든 것이 아니니 당신에게는 그 이미지에 대한 책임이 없다고 할 수도 있겠지만, 그것을 바꿀 책임은 있다. 그동안 이미지 때문에 한계에 부딪혔다면, 당신이 만든 것이 아니라 해도 스스로 책임을 지고 이미지를 바꿔야 한다. 그리고 우리에게는 이미지를 바꿀 능력이 있다.

패러다임은 우리의 습관적인 행동을 독점적으로 통제해 온 정신의 프로그램이다. 우리의 행동은 대부분 습관적이다. 우리는 잠재의식을 통해 우리 나름의 방식대로 생각하고 생활하도록 설계되어 있다.

"패러다임은
우리의 습관적인 행동을 독점적으로 통제해 온
정신적 프로그램이다."

이쯤에서 묻고 싶은 게 있다. 당신이 이룬 성과는 모두 어땠는가? 지금까지의 성과가 썩 좋지 않았다면 이제부터라도 바꾸겠다고 결심하라.

우리는 아주 어린 나이부터 학교에 다닌다. 학교에서는 중요한 지식을 알려 주지만, 패러다임에 대해서는 거의 아무것도 가르쳐 주지 않는다. 따라서 우리는 이미 할 줄 아는 것조차 실천하지 않는다. 의식에서는 방법을 알고 있음에도 패러다임이 우리의 행동을 통제하고 있어 간섭할 수 없다. 결국 우리는 우월한 지식에도 부진한 성과로 혼란과 좌절을 겪는다.

위와 같이 정말로 뛰어난 재능에도 불구하고 결과는 형편없는 사람이 있다. 이에 속하는 사람은 똑똑하고 머리가 좋은데 파산을 하거나, 다른 사람들과 관계를 맺는 일에 서툴다. 그들은 삶을 자신이 보유한 지식으로 통제하지 못하고, 패러다임에 휘둘린다. 따라서 결과를 바꾸고 싶다면 먼저 패러다임부터 바꿔야 한다.

패러다임을 좌우하는 것은 당신의 의식, 즉 **지성**이다. 지성은 감정을 통제한다. 이어서 감정이 당신의 진동 상태를 결정하며, 진동은 당신이 무엇을 끌어당길지를 좌우한다.

# 우리는 무엇을 위해 살아가는가?

우리는 관점, 의지, 상상력, 기억, 직관, 이성 등이 모두 포함된 지성을 갖추고 있다. 다만 학교에서 이들 요소에 대해 전혀 배우지 않는 것이 문제다. 우리의 의식에 속한 지성은 실로 근사한 재능이라 할 만하다. 재능을 꺼내 활용한다면 진동을 바꿀 수 있는데도 사람들은 자신에게 그러한 재능이 있다는 것조차 모른다.

온갖 미사여구로 가난을 포장한들 부유하지 못하면 완벽하거나 성공한 삶을 살 수 없다는 사실에는 변함이 없다. 이에 돈으로 행복을 살 수 없다고 반박하는 사람들도 있을 것이다. 그러나 돈이 충분치 않다면 재능이나 정신적 성장에서 최고의 경지에 이를 수 없다. 온 마음을 다해 재능을 키우려면 많은 도구가 필요한데, 이를 사들일 만한 돈이 없다면 불가능한 일이다.

당신의 본질은 정신이다. 정신은 그 자체로 완벽하다. 그러나 충분한 돈이 없다면 최고 수준으로의 발전은 고사하고, 우리의 정신이 원하는 확장과 더 충만한 상태로의 표출마저 불가능해진다.

사람들은 도구를 이용해 신체와 정신의 발전을 이루며, 사회는 돈과 도구를 교환하도록 발달해 왔다. 이것이 상업의 핵심이다. 여기에서 돈은 매개체로, 우리는 돈을 주고 다른 사람들의 상품이나 서비스와 맞바꾼다.


그러나 우리에게는 생존권이 있다. 우리의 신체와 정신을 최대한 드러낼 수단을 제한 없이 자유롭게 이용할 권리가 있다는 얘기다. 이는 바꿔 말해 부자가 될 권리다. 우리에게는 그럴 권리가 있다.

부자가 되려면 더 많은 것을 활용하고 즐길 수 있음에도 적은 것에 만족하거나 안주해서는 안 된다. "그 정도까지 없어도 그럭저럭 먹고 살 만해."라고 말하는 사람도 있을 것이다. 다람쥐의 경우 우리가 던져 주는 아몬드를 얻어먹으려고 아침마다 문 앞으로 다가온다. 나는 다람쥐처럼 누군가가 나에게 뭔가를 던져 주길 기다리고 싶지 않다. 위풍당당하고 풍족한 삶을 살고 싶다. 그리고 내가 하는 모든 생각과 행동이 자비롭길 바라며, 모든 사람을 돕고 싶다. 그럴 능력이 있다면 이런 소망을 가질 만하지 않을까?

나는 우리가 더 큰 선을 행하기 위해 이 세상에 태어났다고 믿는다. 이는 확장과 표출 외의 다른 목적으로, 당신도 예외는 아니다.

당신은 더 큰 선을 행하고 있는가? 아니면 돈이 부족해서 더 큰 선을 베풀 수 있음에도 그렇지 않은 것에 만족하는가?

만족하지 않는다면 더 많은 돈을 벌어라. 누구나 그렇게 할 수 있으며, 돈은 무한하다. 세상의 모든 돈이 당신의 손에 들어올 수 있다. 당신은 돈을 벌기만 하면 된다. 자연의 목적은 생명의 진보와 발전이다. 우리 각자가 모두 생명의 힘과 품격, 그리고 아름다움과 풍요에 일조하는 데 필요한 것을 모두 손에 넣어야 한다. 그래야 부자가 될 수 있다.

충분한 돈 없이는 필요한 것을 모두 가질 수 없다. 오늘날 인간의 삶은 상상 이상의 발전을 이루면서 너무나 복잡해졌다. 남녀를 불문하고 지극히 평범한 사람조차 완벽에 더욱 가까워지려면 아주 많은 부가 필요하다. 그리고 당신은 가능한 원하는 모든 존재가 되고 싶어 하는 속성을 타고났다.

모든 가능성을 실현하고자 하는 열망은 인간의 선천적인 본성이다. 당신의 내면에는 성장을 갈구하는 잠재 능력이 있다. 충분히 해낼 수 있음에도 노력하지 않는 사람들은 큰 좌절에 빠진다. 따라서 우리는 재능을 발산할 곳을 찾아야 한다.

나는 누구나 재능을 타고났다고 믿는다. 당신 또한 마찬가지이다. 당신에게도 재능이 있으며, 재능을 활용하지 않으면 인생을 즐길 수 없다.

우리는 세 가지 동기를 위해 산다. 바로 신체, 정신, 영혼이다. 이들 동기는 모두 동등하게 바람직하기 때문에 서로 우열을 가릴 수 없다. 셋 중 하나라도 그 생명력이 부족하거나 제대로 표출되지 못한다면 삶을 충실하게 살아갈 수 없다.

또한 영혼만을 과도하게 추구하는 나머지 신체나 정신을 부정하는 것은 옳지도 고결하지도 않다. 개인적으로 청빈서원*(淸貧誓願, 예수를 본받아 청빈한 삶을 살기로 서약하는 일)을 이해할 수 없다. 지성을 위해 신체와 영혼을 부정하는 것 역시 바람직하지 못하다. 따라서 우리는 세 동기 모두의 실현을 위해 살아야 한다. 워틀스 또한 《부의 과학》 제1장에 다음과 같은 글을 썼다.

> 부자가 되고 싶어 하는 것은 지극히 타당한 열망이다. 남자든 여자 든 평범한 사람이라면 그런 열망을 품지 않을 수가 없다. 그렇기에 '부자 되기의 과학'에 큰 관심을 보이는 것은 지극히 타당하다. 이 과학이야말로 모든 학문을 통틀어 가장 고결하고 가장 필요한 학문 이기 때문이다. 이 학문을 등한시한다면 당신 자신뿐만 아니라 신과 인류에게 당신의 의무를 유기하는 것이다. 당신을 최대한 활용하는 것이야말로 당신이 신과 인류에게 할 수 있는 가장 훌륭한 봉사이기 때문이다.

"모든 가능성을 실현하고 싶은 열망은
인간의 선천적인 본성이다.
당신의 내면에는 성장을 갈구하는 잠재 능력이 있다."

## 세 가지 삶의 동기를 위한 응용 연습

1. 신체: 건강과 육체의 관점에서 당신이 바라는 이상적인 신체 상태를 기록한다.
2. 정신: 당신의 기억력과 창의성은 어떠한 편이며, 정신적 능력을 향상시킬 방법에 대한 아이디어 세 가지를 적는다.
3. 영혼: 당신의 영혼에 깊은 만족감과 살아있다는 느낌을 주는 활동의 유형에는 어떠한 것이 있는지 명확하게 적는다.

제2장

세상을 지배하는
부의 법칙을 이해하라

부자가 되는 방법은 엄연히 존재한다. 이는 대수학이나 연산과 같이 엄밀한 과학의 영역이다. 이처럼 부의 획득 과정을 다스리는 특정한 법칙이 있기에 누구라도 이 법칙을 배우고 따르면 수학 공식처럼 확실하게 부자가 될 것이다.

《부의 과학》

# 세상을 이끄는 일곱 가지 법칙

론다 번의 2006년 작 다큐멘터리 영화 〈시크릿〉을 계기로 끌어당김의 법칙이 유명해졌다. 이 법칙을 주제로 여러 사람이 책을 쓰기 시작했지만, 깊이 있게 이해하는 사람은 극소수에 불과하다.

사실 끌어당김의 법칙은 부차적이다. 제1의 법칙은 따로 있다. 에너지는 창조되지도 파괴되지도 않으며, 그 자체로 만물의 근원이자 결과이다. 그리고 어떤 곳이든 100% 동일하게 존재한다.

모든 자연과학과 정신과학이 제1의 법칙과 일곱 가지 부차적 법칙을 따르고 있다. 이들 법칙은 서로 조화를 이루며 작동한다. 자세한 것은 다음과 같다.

## 우주의 7대 주요 법칙

1. **진동**(Vibration)
2. **끊임없는 변화**(Perpetual transmutation)
3. **상대성**(Relativity)
4. **양극성**(Polarity)
5. **리듬**(Rhythm)
6. **인과**(Cause and Effect)
7. **양성**(Gender)

먼저 진동의 법칙부터 살펴보자. 모든 것은 움직이며, 가만히 있는 것은 아무것도 없다. 당신은 관 속의 시신이 움직인다는 사실을 아는가? "그게 말이 돼요? 죽은 사람이잖아요."라고 따지는 사람도 있을 테지만, 그 무엇도 죽어 있는 것은 없다. 그 무엇도 창조되거나 파괴되지 않는다. 모든 것이 변화를 이어가며 끊임없이 진보할 뿐이다.

생각해 보라. 시신이 움직이지 않는다면 어떻게 흙으로 변하겠는가? 진동은 지속적이다. 지금 당신이 있는 방의 벽도 움직이고 있다. 가만히 있는 것처럼 보여도 실제로 멈춰 있는 것은 사실 아무것도 없다. 모든 것이 움직이고 있다. 우리는 그러한 세상에 살고 있다.

위와 같은 이유로 생각, 특히 감정적으로 이입된 생각이 진동의 상태를 결정한다. 스스로와 조화를 이루어 진동하는 것을 나에게로 끌어당길 수 있다. 내가 부정적 진동 상태라면 안 좋은 것을, 그 반대라면 좋은 것을 끌어당긴다.

존 케네디 대통령이 베르너 폰 브라운에게 다음과 같이 물은 적이 있었다. "사람을 달로 데려갔다가 지구로 다시 안전하게 데려올 로켓을 만들려면 뭐가 필요하겠습니까?" 이에 폰 브라운은 "그 일을 해내겠다는 의지입니다."라고 답했다.

> 존 케네디 대통령: 사람을 달로 데려갔다가 지구로 다시 안전하게 데려올 로켓을 만들려면 뭐가 필요하겠습니까?
>
> 베르너 폰 브라운: 그 일을 해내겠다는 의지입니다.
>
> 케네디 대통령과의 운명적 대화

의지는 우리의 정신, 즉 화면에 출력되는 하나의 생각에 집중하면서 외부의 온갖 방해 요소가 끼어들지 못하게 한다. 사람들은 대부분 하나의 생각을 마음속에 1, 2초 이상 붙잡아 두지 못한다. 하지만 의지는 얼마든 습득할 수 있는 기술이다.

의지를 기르는 방법이 하나 있다. 우선 당신이 주로 앉는 의자 맞은편 벽에 작은 점을 찍는다. 작은 점에 대해서는 아무에게도 말하지 않는다. 누군가 작은 점을 보면 벽에 파리가 앉은 것으로 여기도록 그대로 두자. 그 후 의자에 앉을 때 그 점에 정신을 집중하여 마음을 빼앗기도록 하라. 이를 반복하다 보면 의지가 강해질 것이다.

그다음은 **끊임없는 변화의 법칙**이다. 에너지는 항상 움직이면서 늘 형태를 갖추고 유지하다가 다시 그 형태를 탈피한다. 우리도 마찬가지로 신체라는 형태를 갖추어 유지하고 있다.

**상대성의 법칙**이란 곧 모든 것이 상대적이라는 사실을 말한다. 이에 따르면 모든 것에 절대적인 크기란 없다. 이에 따라 스스로 다음과 같은 사고방식을 갖도록 훈련하라.

100만 달러의 소득이 많다고 생각한다면, 앉아서 펜을 들고 200만 달러를 벌 방법을 구상하라. 그러면 100만 달러가 적은 돈으로 보일 것이다. 100만 달러라는 액수가 커 보이는 이유는 5만 달러나 15만 달러와 상대적으로 비교하기 때문이다. 이들 액수를 적다고 여기도록 해야 한다.

나는 언젠가 자기계발 전문가 페기 맥콜(Peggy McColl)과 이야기를 나눈 적이 있다. 그녀는 남편과 함께 집을 구하러 다니다 정말로 마음에 드는 집을 찾았지만, 희망 가격보다 100만 달러가 더 비쌌다고 털어놓았다. 이에 나는 "그 100만 달러가 적은 돈으로 보이게 해 봐요."라고 말했다. 이틀이 채 지나기도 전에 페기가 이메일로 책 표지를 보냈다. 책 표지에는 '100만 달러를 적은 돈으로 보이게 만들어라

(Make a Million Look Small)'라는 제목이 적혀있었다.

　그리고 우주에는 **양극성의 법칙**도 있다. 이는 만물에 두 극단이 있다고 보는 법칙이다. 이 법칙에 따르면 외부가 없다면 내부도 없다는 것이다.

　내 작업실에는 높이가 107cm 정도 되는 책상이 있다. 책상 위로 올라가는 거리가 짧으니 내려오는 거리도 짧다. 그런데 올라가는 거리는 짧은데 내려오는 거리가 길 수는 없다. 이처럼 동일하면서도 정반대를 나타내는 것이 양극성의 법칙이다.

　한편 **리듬의 법칙**은 우주의 높낮이 사이를 왕복하는 진자 운동과 같다. 이에 따라 조수가 밀려왔다 나가며, 낮이 가고 밤이 온다. 이에 바이오리듬은 당신의 지성과 감성, 신체의 모든 차원에 영향을 미친다.

　어떤 날에는 지성이 절정을 찍는가 하면, 또 다른 날에는 바닥까지 떨어져 뭐 하나 제대로 기억나는 게 없거나 뾰족한 수가 도통 생각나지 않을 때도 있다. 이는 한 행렬의 합계를 구할 때에도 마찬가지이다. 어느 날에는 다섯 번을 계산해도 매번 다른 답이 나오는 한편, 다른 날에는 단 한 번 만에 정확한 답을 구하는 때도 있다.

　감성지수가 높을 때에는 신나게 길을 걸으며 길을 건너는 할머니를 도와드리고, 꼬마의 머리를 쓰다듬어 주고 싶어진다. 하지만 그렇지 않을 때에는 '저 노인네는 뭐야?', '저 꼬맹이 녀석 꼴도 보기 싫어 죽겠네!'라는 생각이 드는 상태가 되기도 한다. 그 외에 몸이 천근만근

축 늘어질 때도 있는 반면, 빠릿빠릿하게 움직일 때도 있다.

 **인과의 법칙**이란 모든 원인에 결과가 있으며, 결과는 다시 원인이 되어 결과를 낳는다는 것이다. 즉 인과관계의 연속이 이어진다는 것이다. 이와 함께 당신이 행한 것이 무엇이든 그만큼 당신에게 되돌아온다. 예컨대 당신이 타인에게 많은 도움을 주면 그 도움이 당신을 향한 큰 보상으로 돌아오게 되어 있다.

 마지막으로 **양성의 법칙**이란 모든 씨앗에 잉태 기간이 있다고 보는 것이다. 땅에 심어 둔 씨앗이 싹을 틔워 형태를 이루기까지 일정 기간이 지나야 한다. 사람이라면 대략 280일의 잉태 기간이 걸린다.

 지금까지 살펴본 것들은 우주의 기본적인 법칙이다. 다른 법칙들은 전부 이 법칙의 곁가지, 즉 부차적 법칙이다. 위의 법칙을 연구하고, 이들 법칙과 조화롭게 살아가고자 최선을 다한다면 당신은 성공할 수 있다.

# 당신이라는 자기장

　자연법칙에 대한 최적의 정의를 내리자면, 한결같고 질서 정연하다고 말할 수 있다. 그리고 다른 피조물과 달리 우리는 선택 능력, 다시 말해 자유의지를 부여받았다. 그리고 그 힘에는 책임도 함께 따른다.

　지금부터는 정말로 중요한 얘기를 하고자 한다. 그러니 크게 동그라미를 그려 놓길 권한다. 아무리 선택할 수 있는 능력이라도 그 선택에서 벗어날 자유까지 주지 않는다. 실수를 저지르면 대가를 치른다. 모르고 저지른 실수라는 변명도 통하지 않는다. 법칙은 법칙이기에 잘못을 하면 그만큼 되돌려받는다. 이와 같이 끌어당김의 법칙은 어떠한 예외도 두지 않고 균형을 이루며 작동하는 절묘한 섭리를 보여 준다.

우리는 끌어당김의 법칙에 지배를 받는다. 이 법칙을 모른다면 어디에서나 실패하게 된다. 그렇다고 이 법칙을 부정적으로 생각해서도 안 된다. 오히려 우리의 목적지에 빠르고 정확하게 이르는 데 필요한 것으로 봐야 한다.

> "아무리 선택할 수 있는 능력이라도 그 선택에서 벗어날 자유까지 주지 않는다."
>
> 밥 프록터

모든 사람을 지배하는 이 법칙은 물질세계를 지배하는 법칙만큼이나 엄밀하다. 이 법칙을 따르느냐 거부하느냐는 당신의 자유이지만, 바꿀 수는 없다. 큰 힘이 있어도, 지위가 높더라도, 돈이 많아도 말이다. 법칙에 맞추어 살아가는 것이 당신에게 유리하다. 즉 법칙을 따라야 성공한다.

끌어당김의 법칙은 끊임없이 작동하면서 당신에게 어김없이 책임을 묻는다. 그리고 그 물음을 외면할 여지를 한 치도 허락하지 않는다. 해당 법칙은 당신이 원하는 것뿐 아니라 그렇지 않은 것이라도 빠르고 확실하게 당신에게 보내 준다. 따라서 원치 않는 것을 생각하며 시간을 보내면 반드시 그러한 것이 당신에게 다가온다. 그것도 밤이 되면 어두워지는 것만큼이나 확실하게 말이다.

 지금까지의 내용과 관련하여 워틀스의 견해를 살펴보자.

 자본과 재산의 소유는 특정한 방식으로 행동한 결과에 따라 일어
난다. 결국 우연이든 의도한 것이든 특정한 방식으로 행동하는 사람
은 부자가 된다. 하지만 그렇지 않은 사람은 아무리 열심히 노력하거
나 유능해도 가난에서 벗어나지 못한다.
 같은 원인은 언제나 같은 결과를 낳는 것이 자연법칙이다. 따라서
남녀를 불문하고 누구든 그와 같이 특정한 방식으로 행동할 줄 안다
면 틀림없이 부자가 될 것이다.

(중략)

 부자가 되는 것은 환경의 문제가 아니다. 환경의 문제라면 특정한
동네에 사는 사람들 모두가 부자가 되어야 맞다. 어느 도시의 시민들
은 모두 부자가 되지만, 다른 도시의 시민들은 모두 가난해져야 한
다. 예컨대 어느 지역의 사람들은 갑부가 되었지만, 인접한 지역의
사람들은 가난에 쪼들려야 한다.
 하지만 실제로는 어디를 둘러봐도, 같은 환경에서, 대체로 같은
직업에 종사하며 살아가는 사람들 사이에 부유한 생활과 가난한 생
활이 공존한다. 두 사람이 같은 환경임에도 생활 수준이 다르다면 이
는 환경이 주된 문제가 아니라는 증거이다. 물론 저마다 다른 환경

간에 유불리를 따질 수는 있겠지만, 같은 환경임에도 사람마다 다른 결과를 보여주는 사실은 부자가 되는 것이 행동 방식에 따른 것임을 암시한다.

당신이 복지 수혜 지역에 살고 있다면 창의적인 사고방식을 그리 많이 접하지 못할 것이다. 그러나 매우 부유한 지역에 살더라도 종종 부정적인 사고방식에 휘말릴 가능성이 있다. 그러한 사고방식을 지니게 되면 반드시 실패한다.

성공 가도를 달리고 있는 사람 중에는 그러한 개념을 전혀 모르더라도 특정한 행동 방식으로 부자가 되기도 한다. 이러한 사람들은 이른바 '자각하지 못한 유능함(Unconscious Competent)'의 상태에서 행동하는 것이다. 이는 그 사람의 성공을 위해 잠재의식이 돕고 있지만, 정작 당사자는 자신에게 무슨 일이 일어나고 있는지는 잘 모르는 상태를 뜻한다.

위에서 소개한 개념에 익숙해진다면 알겠지만, 부자의 행동 방식은 말 그대로 마법 같은 효과를 낸다. 패러다임은 우리의 발목을 붙잡는 악마로, 그동안 거의 독점적으로 우리의 행동 습관을 통제해 온 정신적 프로그램이다. 우리의 행동은 대부분 습관적이다. 그렇게 당신의 패러다임은 당신의 삶에 여러 방면으로 영향을 미친다.

먼저 패러다임은 당신의 관점을 좌우한다. 알고 보면 관점은 매우 중요한 수단이다. 관점을 바꾸면 모든 것이 바뀐다. 작고한 나의 벗인 웨인 다이어가 "관점을 바꾸면 다르게 보인다."라며 관점에 대해 탁월하게 이야기한 바 있다. 정말 맞는 말이다.

그다음 패러다임은 당신의 시간 활용 방식과 더불어 창의성을 통제하기도 한다. 사람은 누구나 창의적이다. 여기에는 그 어떤 차별도 없다. 사람에 따라 창의성을 표출하는 능력이 다른 사람에 비해 더 뛰어나다는 차이만 있을 뿐이다.

한편 패러다임은 당신의 효율성도 통제한다. 나는 꾸준히 패러다임을 개선하면서 더 효율적인 사람이 되었다. 효율성을 높일수록 생산성도 높아진다. 그러니 꾸준히 효율성을 높여야 한다.

마지막으로 패러다임은 논리의 역할도 맡는다. 우리의 논리는 우리를 제재하도록 설계되어 있다. 뭔가를 바꾸려 할 때마다 막으려 들기 때문에 벽에 둘러싸여 있는 것이나 다름없다. 하지만 우리가 패러다임을 바꾸기로 결심하면 벽은 무너진다.

덴마크의 철학자 쇠렌 키르케고르(Søren Kierkegaard)는 다음과 같은 말을 남겼다.

> "자신의 정체감과 가치를 남들의 의견에 의존하지 않아야 스스로의 직관과 지혜의 근원에 닿을 수 있다. 우리는 무언가를 숭배하려는 경향이 있다. 여기에서 문제는 의견의 신을 숭배할 것인가, 가슴속의 신을 숭배할 것인가이다. 나는 점점 할 말이 별로 없다는 사실을 깨달으며, 말이 줄다가 나중에는 입을 다물고 귀 기울여 듣기 시작했다. 그리고 침묵 속에서 신의 목소리를 들었다."

"문제는 의견의 신을 숭배할 것인가, 가슴속의 신을 숭배할 것인
가이다."

쇠렌 키르케고르

# 모든 일은 당신에게서 시작된다

당신의 정신은 당신에게 직관적으로 말을 건넨다. 문제를 해결하고 싶다면 우주에 질문을 던지고, 마음속에서 답을 구해 보라. 그 과정에서 대답을 들을 수 있겠지만, 이때는 수용하는 태도를 가져야 한다. 그러면 직관은 당신에게 "맞아, 그거야!"라 할 만한 답을 알려 준다. 앞의 인용문에서 키르케고르가 하려는 말도 이와 관련되어 있다.

이제 법칙을 더 자세히 알아보자. 먼저 **끊임없는 변화의 법칙**부터 살펴보자. 여기에는 무슨 의미가 담겨 있을까? 에너지가 계속해서 형태를 갖춘다는 의미다. 당신의 안에는 정신적 세계, 지적 세계, 물리적 세계가 있으며, 이들은 높은 차원에서 낮은 차원으로 이동한다.

우리의 정신에서 가장 고차원적인 형태는 사유이다. 사유는 지적 차원에서 생각으로 전환된다. 생각을 오랜 시간 품고 있으면 마침내 형태를 갖추게 된다. 생각이 형태를 갖추면서 높은 차원의 상태에서 낮은 차원의 상태로 이동하는 것이 에너지의 끊임없는 변화이다. 에너지에 관한 한 당신은 언제나 높은 곳에서 낮은 곳으로 움직인다.

그런데 우리는 실제로 어떠한가? 낮은 차원에서 높은 차원으로 움직인다. 외부를 살펴보면서 결과가 우리의 생각을 통제하도록 내버려 둔다. 그러므로 생각으로 주의를 돌려 결과를 통제하도록 하라. 그래야 에너지의 변화가 끊임없이 일어난다.

생각이 형태를 갖추게 할 때는 **상대성의 법칙**이 작용한다. 당신에게 A, B, C라는 세 개의 나무통이 있다고 가정해 보자. 그렇다면 B는 큰 통일까, 작은 통일까? 크지도 작지도 않다. 그냥 그 자체로 존재할 뿐이다. 당신이 A와 비교할 때는 큰 통이 되고, C와 비교한다면 작은 통이 된다. 그러니 어떤 일이 너무나 크다고 여겨질 때마다 더 큰 것을 떠올리며 비교해 보자. 그렇게 가소롭다고 느껴질 크기로 줄인 뒤 바로 행동으로 옮긴다면 그 일을 해낼 수 있다.

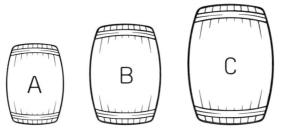
세 개의 나무통: 어떤 통이 큰 통이고, 작은 통은 무엇일까?

**진동의 법칙**에서는 모든 것이 움직이고 있다고 본다. 우리는 내면의 경이로움을 활용해 진동을 개선할 수 있다. 우리가 끌어당기는 모든 것은 진동의 법칙을 통한 것이다. 즉 진동 상태에 따라 우리가 무엇을 끌어당길지 결정된다는 것이다.

부의 과학은 에너지와 관련되어 있으며, 에너지는 주파수에 따라 작동한다. 주파수는 진동의 수준이고, 그 수는 무한하다. 그러나 우리는 머무는 주파수 내에서만 원하는 것을 끌어당길 수 있다.

우리가 상대방에게 전화를 걸 때, 전화기 너머의 상대에게 어떻게 연결되는 것일까? 우리 모두 같은 주파수대에 존재하기 때문에 연결이 가능한 것이다. 즉 주파수를 당신이 원하는 현실에 맞추면 그러한 현실을 만들어 낸다. 다른 결과는 있을 수 없다. 이는 철학이 아닌 엄연한 물리학적 이치이기 때문이다.

결국 모든 것이 에너지이므로 당신이 원하는 돈도, 건물도, 사업도 모두 에너지인 것이다. 어려움을 피해 외적인 요소에 따라 당신의 행동 방향을 결정한다면 결국 어려움을 겪게 되면서 외적인 요소가 당신의 길을 정하게 된다. 하지만 마음속에 이미지를 만들 줄 알게 된다면 당신은 적절한 주파수대에 머물게 된다. 그렇게 당신이 되고 싶은 대로 행동하면서 원하는 바를 이루게 된다. 그것이 이치다.

이번에는 **양극성의 법칙**에 대해 살펴보는 차원에서 어떤 상황에도 꺾이지 않고 인생을 관리할 수 있는 효과적인 방법을 알아보자. 살아가면서 겪는 상황이 조금 좋지 않아 보여도 반대로 뒤집어 본다면 약간 긍정적으로 인식되기도 한다. 이러한 문제는 작기 때문에 해결하더라도 작은 승리에 그친다. 이와 다르게 예리한 기업 컨설턴트라면 기업의 큰 문제를 살펴보기 마련이다. 큰 문제를 발견하면 큰 해결책이 나오게 될 테고, 그 결과로 큰 성공을 얻기 때문이다.

다음은 양극성의 법칙을 활용해 상황에 접근하는 유용한 방법을 세 단계로 나눈 것으로, 마이클 벡위스(Michael Beckwith)가 고안한 것이다.

1. 어떠한 상황이든 받아들인다. 그 상황이 당신을 지배하거나, 당신이 그 상황을 지배할 것이다.
2. 장점을 찾는다. 장점은 찾으면 찾을수록 더 많이 보이며, 모든 것에는 장점이 있다.
3. 나머지는 모두 용서한다. 용서하고 모두 잊는다.

이제 **리듬의 법칙**을 살펴보자. 살다 보면 롤러코스터를 타듯 기복이 있기 마련이다. 이와 같이 인생에는 좋은 때가 있다면 나쁠 때도 있는 법이다.

당신은 모든 이들이 리듬의 법칙 아래 살아간다는 사실을 알아야 한다. 이 법칙은 누구라도 특별하게 대우하는 법이 없다. 박식함과 부유함도 면죄부가 되지 못한다. 이는 당신도 마찬가지라는 얘기이다.

또한 상황이 나쁜 시기라도 좋은 일이 생길 수 있음을 알아야 한다. 그렇기에 내일은 더 좋아질 것이며, 앞으로 좋은 일이 일어나리라는 기대를 할 수 있다. 그것이 리듬의 법칙이 작동하는 이치이기 때문이다. 나쁜 상황을 겪는다면 그 뒤에는 언제나 좋은 때가 온다. 겨울 다음에는 반드시 봄이 온다. 겨울 뒤에 또 겨울이 오는 일은 없다.

이번엔 만물이 남성적 원칙과 여성적 원칙을 모두 가지고 있다는 **양성의 법칙**을 살펴보자. 만물은 남성적 에너지와 여성적 에너지를 두루 가지고 있다. 성적 성향과 상관없이, 남자에게도 여성적인 면이 있고, 여자에게도 남성적인 면이 있어서 누구든 자신의 양성적 측면에 대해 더 많이 알아두면 도움이 된다.

우리는 모두 에너지로 이루어져 있으므로 양성의 법칙은 에너지 역학과 연관된다. 양성 에너지 개념은 중국의 전통 사상인 음양론의 개념과 흡사하다. 음양론에 따르면 만물에는 여성적 에너지인 음과 남성적 에너지인 양이 공존한다. 음이 수동적이고 수용적이라면 양은 능동적이다.

양성의 법칙은 음양론에서 이야기하는 바와 같이 서로 반대되는 것은 오히려 상호 보완적이라고 설명한다. 중국인은 음양 체계를 모든 영역에 활용하고 있는데, 그중에서도 음과 양의 에너지가 상호작용하며 서로 균형을 이루는 방식을 살펴보는 것이 특히 흥미롭다. 그 예로 음식을 섭취할 때 양기가 많은 사람은 음기가 많은 채소를 먹어야 균형이 잡힌다고 본다.

> "만물에는 여성적 에너지인 음과 남성적 에너지인 양을 모두 가지고 있다. 음이 수동적이고 수용적이라면 양은 능동적이다."

**인과의 법칙**은 모두가 알아야 할 법칙이다. 당신의 모든 일이 원인이 되기 때문이다. 그러니 이 사실을 의식하며 꼭 좋은 일을 하라. 복수하려는 생각은 잊어라.

마침 복수를 언급하니 과거에 폭력배 생활을 한 남자와 대화를 나누다 들었던 말이 떠오른다. "있잖아요, 밥. 우리 세계에서는요, 파트너가 생기면 지켜 줘요. 누구도 파트너에 대한 험담을 못 하게 하죠. 그런데 파트너가 배신을 하면 그땐 죽여 버려요."

이후로 그 얘기를 곰곰이 생각하다가 그게 나쁜 생각은 아니라는 판단을 내렸다. 그렇다고 총을 들고 누군가를 쏘라는 얘기는 아니다. 누군가 당신을 배신하면 '정신적으로' 죽이라는 얘기다. 즉 당신과 아무 상관이 없는 사람으로 여기면 그만이라는 것이다. 그것이 나의 처세술이다.

나 또한 과거에 나를 함부로 대한 사람들이 있었다. 하지만 이제 더는 그러지 못한다. 물론 앙갚음을 하고 싶은 마음은 없지만, 그 사람들이 나를 또 그렇게 대하도록 놔둘 생각도 없다.

삶의 모든 일은 원인과 결과의 관계로 엮여 있다. 그러니 모든 상황에 제대로 처신하도록 신경 쓰기 바란다. 어떠한 상황에 놓이더라도 당신이 알고 있는 최선의 행동을 취하라. 원인과 결과의 법칙 아래에서는 봉사와 보상이 정비례하며, 세상만사에 걸쳐 작동하므로 그 법칙을 받아들이고 따라야 한다.

**보상의 법칙**은 인과의 법칙에 기반을 두며, 작용하는 양상이 명확하다는 특징이 있다. 그러니 많은 돈을 벌고 싶다면 이 법칙을 받아들이는 편이 좋다. 그렇지 않으면 실패한다. 당신이 버는 돈의 액수는 언제나 당신이 하는 일의 필요성, 일을 해내는 능력, 다른 인력과의 대체 불가능성에 정비례한다. 당신이 잘하는 일이 있거나, 일에 뛰어난 실력을 갖추고 있다면 당신을 대체하기는 아주 힘들기 마련이다. 대체하기 힘든 사람이 되면 평판이 높아지고, 그러면 자연스레 금전적으로 더 유리한 위치에 오르게 된다. 이 모든 과정이 바로 인과의 법칙을 토대로 이루어진다.

지금까지 살펴본 모든 법칙에 맞춰 사는 법을 배우고 익히길 바란다. 꾸준히 공부하라.

제 3 장

# 부의 흐름은
# 당신의 생각에서 시작된다

# 무에서 유를 창조하는 생각의 힘

　이미 밝혔듯 이 책의 내용 대부분은 월러스 워틀스의 명저 《부의 과학》을 바탕으로 삼고 있다. 이 책은 그중에서도 제4장 '**생각한 것은 반드시 이루어진다**'에 가장 중요한 비중을 두고 있다. 해당 장에서는 다음과 같은 글로 시작한다.

생각은 무형의 물질에서 유형의 부를 창출하는 유일한 힘이다. 만물을 만드는 근원 물질은 생각하는 존재이며, 이 물질이 생각하는 대로 형태가 창조된다.

보통 사람의 사고방식으로는 위의 글이 기존의 관념에서 지나치게 벗어나 말도 안 되는 소리처럼 들릴 것이다. 하지만 이 원칙을 자세히 살펴본다면 어느 순간 타당하게 받아들여질 것이다.

A와 B라는 사람이 있다고 가정해 보자. 두 사람이 각자 나의 26살 이전과 이후의 삶이라고 봐도 무방하다. 그리고 A와 B 모두 무한한 잠재력과 선택 능력이 있다. B는 이리저리 헤매다 어떠한 진전도 없이 별 볼 일 없는, 그저 그런 삶을 산다. 반면 A는 성공, 만족, 행복, 부단한 성장과 함께한다. 똑같은 재능과 능력으로 출발점이 같았던 두 사람이 서로 다른 결과에 이른 셈이다.

위와 같은 결과를 불러온 이유는 무엇이었을까? B는 패러다임에 통제받는 반면, A는 그 반대라는 차이 때문이다. 당신은 지금까지 패러다임에 통제받아 왔을 것이다. 그동안 원치 않는 결과가 오래 이어진 상황이라면 더더욱 그러할 것이다. 이제는 이와 같은 상황을 바꾸기 위한 결심이 필요하다.

A는 한 단계 더 발돋움하기 위해 목표를 세우고, 그 목표가 실현될 것이라고 믿는다. 바로 여기에서 패러다임의 문제를 가지고 있는 B와 구별된다.

"명확히 정한 목표가 없으면 사소한 일상에 유난히 충실하다가 결국엔 일상의 노예가 되고 만다."라는 SF 작가 로버트 A. 하인라인

(Robert A. Heinlein)의 말이 있다. 내가 일을 하면서 영업부 직원들을 지켜보고 있으면 매주, 매달 결과에 별 변화 없이 비슷비슷한 직원들을 종종 볼 수 있다. 사소한 일상에 휘말리다 결국 노예가 되어 버린 탓이다. 별다른 것도 없고 자신에게 도움이 안 될 것들만 얘기하며 자신이 가고 싶은 방향으로 들어설 생각은 하지 않는다. 이와 달리 성공, 만족, 행복, 무한한 성장을 이뤄가는 직원들도 있다.

> "명확히 정한 목표가 없으면 사소한 일상에 유난히 충실하다가 결국엔 일상의 노예가 되고 만다."
>
> 로버트 A. 하인라인

나는 매일 아침 5시에 일어나면 자리에 앉아 감사한 일들을 쓴다. 다 쓴 뒤에는 맨 아래에 다음과 같이 쓴다.

> "나의 정신적 DNA는 완벽하다. 그 사실을 잘 알고 있음에 매우 행복하고 감사하다. 하루를 시작할 때마다 삶 속에서 그 완벽함이 습관적으로 표출될 수 있는 곳을 찾는다."

나는 오른손잡이지만, 종이 맨 아래에 글을 쓸 때는 왼손으로 쓴다. 이때는 오른손으로 글을 쓰기가 몹시 어렵기 때문이다. 그래서 다소 불편함을 느끼기도 한다. 그럼에도 내가 모든 일을 편한 대로만 한다면 성장을 이루지 못할 것이라는 사실을 더 잘 깨닫게 된다. 그렇게 나는 감사할 일을 쓰고 나서 공부를 시작한다.

아마 B라면 나와 같이 행동하지 않았을 것이다. "나는 그 시간엔 안 일어나. 뭐 하러 그렇게 일찍 일어나? 도저히 이해할 수가 없네." 라고 말하면서 말이다. 패러다임과 자제력, 마음, 성공의 규칙, 그리고 목표의 가치를 깨닫지 못한다면 결코 이해할 수 없을 것이다. 목표를 이루기 위해서 때로는 불편한 일도 해야 한다. 목표를 달성한다는 것은 지금까지 가 본 적 없는 영역으로 들어서는 일이기 때문이다.

그러니 우리는 인식을 발전시키고, 패러다임을 개선하는 노력을 해야 한다. 이는 절대적으로 필요한 일이다. 그러려면 새로운 결과에 집중해야 한다. 이 장의 처음에 제시된 워틀스의 글을 다시 한번 떠올려 보자.

워틀스의 '만물을 만드는 근원 물질'에서 '만물'은 무엇인가? 바로 당신이 입는 옷에서 당신의 몸, 당신을 둘러싼 세상까지를 의미한다. 모든 것은 무형의 물질에서 만들어진다. 따라서 당신이 가진 것을 모두 가져와 무더기로 쌓아놓고 불을 붙인다면, 이들은 근원으로 회귀한다.

생각만이 유일한 힘이다. 생각에는 힘이 있고, 당신은 생각할 수 있다. 우리는 사고할 수 있는 유일한 생명체이다. 이에 워틀스도 다음과 같이 말했다.

근원 물질은 생각에 따라 움직인다. 자연에서 보이는 모든 형태와 과정이 근원 물질의 생각이 눈에 보이도록 표출되는 것이다. 무형의 물질이 어떠한 형태를 생각하면 그 형태가 만들어지고, 어떠한 움직임을 생각하면 그 움직임이 나타난다. 이것이 만물이 만들어지는 원리이다. 우리는 사유하는 세계에 살고 있으며, 사유하는 세계는 곧 사유하는 우주의 일부이다.

# 마음속에 그린 형태를 구체화하라

사실 창조 같은 것은 없다. 어떤 것도 창조되거나 파괴되지 않는다. 그렇다면 우리는 사물을 어떻게 얻을까? 우리가 아는 바에 따르면 한 형태의 에너지에서 또 다른 형태의 에너지가 만들어지도록 할 때 창조가 일어난다. 이는 기존과 다른 창조를 뜻하며, 당신이 '생각'이라는 형태의 에너지를 처음으로 일으키지 않았다면 그러한 일도 없었을 것이다. 우리는 언제나 마음으로 에너지를 조종한다. 워틀스의 말을 이어서 살펴보자.

생각하는 물질은 자기 생각대로 형태를 취하고 움직인다. 생각하는 물질이 원운동을 하는 태양계와 행성을 생각하면 태양계와 행성이 형태를 취하고 움직인다. 느리게 자라는 참나무를 생각하면 수백 년의 세월이 걸리더라도 그러한 참나무가 생겨난다.

무형 물질은 자신이 세운 운동 방향에 따라 움직이는 것으로 보인다. 참나무를 생각한다고 해서 다 자란 나무가 바로 나타나는 게 아니라 설정된 성장 방향에 따라 그 나무를 생성시킬 힘들이 움직이기 시작한다는 얘기다.

생각하는 물질에 형태에 대한 생각이 각인되면 예외 없이 그 형태가 만들어지지만, 이때는 언제나, 아니 적어도 대개의 경우에는 이미 설정된 성장이나 행동의 방식을 따르게 된다.

특정한 구조의 집을 생각할 경우, 무형의 물질에 그러한 생각을 각인하였다고 해서 즉시 집이 생기지는 않을 것이다. 하지만 그 집은 상공업의 세계에 작용하는 창조 에너지의 경로를 집이 만들어질 방향으로 신속하게 돌릴 것이다. 그리고 기존에 창조 에너지가 작용할 만한 경로가 없다면 유기물과 무기물이 형성되는 느슨한 과정을 기다릴 필요 없이 근원 물질에서 바로 만들어질 것이다.

가령 당신이 집을 짓는 생각을 한다면 그때부터 만물이 움직이기 시작한다. 텔레파시를 통한 소통이 개시되는 것이다. 이는 다른 사람들의 마음속에 생각을 촉발시킨다. 당신에게 집에 대한 제안이 들어오거나 관련된 사람들이 다가오는 등 여러 일이 일어나게 될 것이다. 반드시 그렇게 될 것이다.

워틀스는 특정 형태에 대한 생각을 근원 물질에 각인시킬 수 있다면, 그 형태는 반드시 생겨나게 되어 있다고 덧붙였다. 이와 같이 당신이 원하는 것을 마음속에 그려야 하며, 더는 외부 세계가 당신의 바람에 간섭하도록 내버려 두지 말아야 한다. 이제부터 더 이상 은행 잔고를 들여다보지 말고 상상하라. 원하는 것을 보고, 그 이미지를 마음속에 그려라. 워틀스가 서술한 바와 같이 인간은 생각을 일으킬 수 있는, 사고의 중추이다.

그렇다면 다음 질문에 대답해 보라. 인간 외에 생각을 일으킬 수 있는 또 다른 존재가 있는가? 그럴 수 있는 존재는 인간밖에 없다. 당신은 그런 존재이다. 나는 당신이 예전에 어떠한 생각을 했고, 자신을 어떻게 생각하고 있는지는 모른다. 하지만 한 가지는 안다. 당신이 생각을 할 수 있다면 원하는 일을 할 수 있다. 그 일을 머릿속에 붙잡아 둘 수 있다면 어떤 일이든 모두 당신의 손에 움켜쥘 수 있다. 이상과 관련하여 워틀스는 다음과 같이 말한 바 있다.

> 인간이 손으로 만들어 내는 모든 형태는 가장 먼저 인간의 생각에 존재해야 한다. 생각부터 하고 난 이후에야 그것을 형상화할 수 있다.

위에서 언급한 바는 위대한 화가 반 고흐가 어떻게 아름다운 작품을 그려 내냐는 질문을 받았을 때, "나는 그림을 그리는 꿈을 꾼 뒤에 그 꿈을 그립니다."라고 답한 바와 같다. 이어지는 워틀스의 글을 읽어 보자.

지금까지 인간은 손을 써서 하는 일에만 노력을 쏟았다. 형태의 세계에 육체적인 노동력을 기울이며 이미 존재하는 것을 바꾸거나 고치는 데에만 노력해 왔을 뿐, 생각을 무형의 물질에 각인시켜 새로운 형태를 만들어 내려는 시도는 생각한 적이 없었다.

인간은 특정한 형태에 대한 생각을 품으면 자연의 형태에서 물질을 취해 이미지를 만들어 낸다. 지금껏 인간은 무형의 지성과 협력하려는 노력을 거의, 또는 아예 하지 않았다. 이는 그들이 그러한 일을 할 수 있으리라고는 꿈도 꾸지 않았기 때문이다.

세상에는 무형의 지성이 존재하며, 우리는 지적인 힘을 다루는 존재이다. 당신은 뭐든지 할 수 있다. 우리는 그에 대한 여러 가지 방법을 배워 왔다. 다만 우리가 이를 믿지 않는다는 것이 문제이다. 믿음이 관건이다.

"당신이 원하는 것을 마음속에 그려야 하며, 더는 외부 세계가 당신의 바람을 간섭하도록 내버려 두지 말아야 한다."

밥 프록터

# 결과의 근원은 곧 생각이다

인간은 육체노동을 통해 기존의 형태를 바꾸고 고칠 뿐, 스스로의 생각을 근원 물질에 전달함으로써 무형의 물질에서 사물을 만들어 낼 수 있는지의 문제에는 관심을 두지 않았다. 따라서 이 책을 통해 인간에게 그러한 능력이 있다는 점, 그리고 누구나 그렇게 할 수 있다는 점을 증명하고 그 방법도 보여 주고자 한다. 첫 번째 단계로 세 가지 기본 명제부터 제시하겠다.

첫 번째 명제로 만물을 만들어 내는 무형의 근원 물질이 있다는 것이다. 겉보기에 수많은 요소처럼 보이는 것은 모두 하나의 요소가 여러 가지로 다르게 표출된 것에 불과하다. 생물계와 무생물계에서 발견되는 수많은 형태는 모양만 다를 뿐 모두 같은 물질에서 만들어진다. 그 물질은 바로 '생각하는 물질'로, 이 물질이 생각하는 대로 형태가 만들어진다. 생각하는 물질에 깃든 생각이 형태를 만든다.

인간은 사고의 중추로서 근원적인 사고가 가능하다. 인간이 생각을 생각하는 물질에 전달할 수 있다면, 그 대상을 창조하거나 만들어 낼 수 있다. 이를 요약하자면 다음과 같다.

만물을 만들어 내는 생각하는 물질이 있는데, 이 물질은 근원적 상태로 우주 공간 사이로 스며들고 침투하며 우주를 가득 채우고 있다.

생각하는 물질에 생각이 깃들면 그 이미지가 실체화된다.

인간은 형태를 생각해 낼 수 있으며, 그 생각을 무형의 물질에 각인함으로써 대상을 창조할 수 있다.

형태와 생각이라는 현상을 거꾸로 추론해 나가면 결국 하나의 생각하는 근원 물질에 도달한다. 그리고 그 역으로 거슬러 보면 생각하는 대상을 만들어 내는 인간의 힘으로 귀결된다. 나는 실험을 통해 이러한 추론이 참임을 알게 되었는데, 다음이 바로 가장 확실한 증거이다.

만약 누군가 이 책에서 알려준 대로 따라 해서 부자가 된다면, 이는 곧 나의 주장을 뒷받침하는 증거이다. 게다가 이 책의 내용을 따른 사람이 모두 부자가 된다면 실패하는 사람이 나오기 전까지 더욱 나의 주장이 맞다는 확실한 증거가 된다. 말하자면 이 방법이 실패하기 전까지는 내 주장이 맞다는 얘기인데, 결코 실패하지 않을 것이다. 이 책에서 알려준 그대로 따라 하면 누구나 다 부자가 될 수 있기 때문이다.

당신도 그렇게 될 수 있을까? 누구에게나 가능한 일이지만 그렇기 위해서는 먼저 내면부터 변화시켜야 한다. 여기에서의 관건은 결과로, 결과를 일으키는 것이 중요하다. 결과는 언제나 진실을 알려주기 때문이다. 당신의 결과를 살펴보면 워틀스의 얘기에 공감이 가지 않는가?

결과는 어떻게 일어나는가? 결과는 곧 생각이 형태를 갖추면서 우리에게 나타난다. 그렇다면 결과는 그냥 일어나는가? 나는 그렇지 않다고 본다.

이제부터 결과와 더불어 그 방식에 대해 더 자세히 살펴보자. 결과에서 **인식**은 어떤 역할을 할까? 정말로 중대한 역할을 한다. 인식은 모든 일이 일어나는 근원이기 때문이다.

한때 나는 소방서에서 일한 적이 있다. 내가 전화를 받고 첫 출동을 나갔던 때는 이른 새벽 시간이었다. 한 경찰관이 지나가다가 3층 집의 창문에서 불이 나는 것을 보았다는 연락을 받고 출동하게 되었다.

그날 그 집의 3층에는 한 여성이 잠을 자고 있었다. 그 여성은 방 두 칸짜리 집에 살며 어린 아들을 키우고 있었다. 그런데 어린 아들이 엄마와 같은 침대에서 잠을 자다가 일어나 주방의 식기 진열장 쪽으로 가서 큼지막한 성냥갑을 가지고 놀기 시작했다. 그러다 그만 성냥에 불이 붙고 말았다. 불은 금세 성냥갑 전체로 번졌다.

어린 아들은 겁이 나서 성냥갑을 떨어뜨리고는 다시 침대로 갔다. 말하지 않아도 알겠지만 3층은 이미 불길에 휩싸인 뒤였다. 우리가 소방차를 대동해서 불을 껐기에 망정이지, 어린 아들은 불의 위험성을 인식하지 못했던 탓에 자칫 목숨을 잃을 수도 있었다. 이것이 인식의 부족이 불러오는 결과다.

우리는 아이들을 가르칠 때 인식을 매우 높은 우선순위에 두지 않는다. 사실 인식은 지성에 밀린 나머지 찬밥 신세가 되었다. 학교는 지적 이해력을 키우는 일을 가장 중시할 뿐 인식을 가르치는 일에는 별 관심이 없었다.

결과는 행동에 따라 일어난다. 그리고 행동은 패러다임, 즉 잠재의식에서 벌어지는 상황에 따라 일어난다. 잠재의식 속의 생각에 따라 몸이 행동을 취하게 되고, 행동에 따라 결과가 나타나는 것이다. 의식은 물류 배송 집배 센터나 다름없다. 의식을 거치지 않으면 그 무엇도 잠재의식으로 진입하지 못한다.

그런데 자신조차 원치 않는 결과를 불러오는 생각을 선택하는 이유는 대체 무엇일까? 이유는 하나다. 생각을 하지 않기 때문이다. 무지가 문제이다. 습관도 마찬가지이다. 패러다임의 표출에 불과한 그 습관 말이다.

사람들은 저마다 결과에 주목한다. 그리고 의식은 그러한 결과의 이미지로 가득하다. 우리는 자신의 경제적 상태에 주목하면서도 "이게 내 결과야. 더는 부정할 수 없어. 이게 내가 이른 결과라고."라고 말한다.

위와 같이 사람들은 물질을 믿는다. 이는 감각을 통해 살도록 길러지면서 감각으로 상황을 보기 때문이다. 이에 자신의 상황에 감정적으로 이입하면서 같은 상황을 더욱 양산한다. 결국 자기 충족의 악순환에 갇혀 계속해서 같은 일을 반복할 뿐이다.

그렇다면 그들이 달라지지 못하고 계속 악순환을 반복하는 이유는 무엇일까? 이 또한 모르기 때문이다. 과연 이들에게 꿈이 있을까? 꿈은 있지만 그 꿈이 점차 사라지고 있다는 게 문제이다. 그 사람들은 꿈을 성취하기 위한 계획에 힘쓰지 않는다.

위와 같은 태도의 출발점은 결과이다. 출발점이 결과라면 결과가 생각을 좌우한다. 이어서 이와 같은 생각이 감정을 일으키고, 감정은 행동을 촉발하며, 행동은 똑같은 결과를 만든다. 고리 같은 악순환이다.

결국 출발점이 잘못된 셈이다. 이번에는 현재의 결과와 상관없이 결과를 찬찬히 생각하는 사람을 알아보자. 이 사람의 출발점은 자신이 원하는 것에 대한 생각이다. 스스로 원하는 것을 생각하면 그 생각을 보게 된다. 그러면 감정과 행동을 거쳐 결과적으로 원하는 것을 얻게 된다. 그렇게 전보다 개선된 새로운 결과에 이르게 된다.

개선이 계속되면 결과 또한 두드러진다. 그러면 좋은 결과에 대한 생각에서 출발한 감정과 행동을 거쳐 결국 스스로 원하는 결과를 거머쥘 것이다. 그리고 여기에서 멈추지 않고 이후에도 더 훌륭하고 좋은 결과를 생각하게 된다.

물론 "하지만 결과를 무시할 순 없잖아요. 계좌에 한 푼도 늘어나지 않았다는 사실을 어떻게 무시해요?"라고 말하는 사람도 있을 것이다. 맞는 말이다. 이 또한 무시할 수 없다. 하지만 그 빌어먹을 사실을 응시하면서도 자신이 원하는 결과만을 생각해야 한다는 믿음을 가져야 한다. 당신에게는 기억 능력이 있으니, 이 점을 반드시 명심하라.

그뿐 아니라 당신에게는 더 고차원적인 능력도 있다. 바로 관점, 의지, 상상력, 직관, 이성이다. 이들 능력을 발휘하라. 상상력을 발휘해 당신이 바라는 선의 이미지를 상기하라. 당신은 무엇을 원하는가?

당신의 의식 속에 원하는 이미지를 그리고, 그 이미지를 마음속에 심어라. 무릇 사람됨은 생각을 닮는다고 했다. 그 뒤에는 당신이 원하는 것에 감정을 이입한다.

원하는 것을 느끼기 시작하면 열망이 커진다. 열망은 내면에 있는 가능성이 당신의 행동을 통해 밖으로 표출되려는 노력이다. 노력이 진동을 변화시키고, 진동이 행동을 변화시키며, 행동이 결과와 더불어 당신이 끌어당기는 것을 변화시킨다.

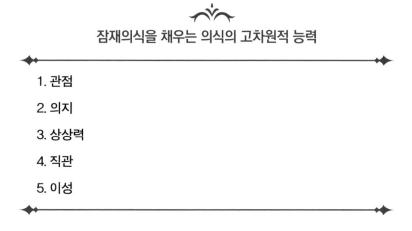

**잠재의식을 채우는 의식의 고차원적 능력**

1. 관점
2. 의지
3. 상상력
4. 직관
5. 이성

# 더 이상의 의심은 거두어라

결국 제1원칙은 **생각**이다. 출발점은 결과가 아니라 생각이다. 성공은 적절한 타이밍과 위치의 문제라고 믿는 사람이 많다. 나도 그 말이 조금은 맞다고 생각한다. 그러나 정말 중요한 문제는 성공의 타이밍과 위치를 인식하는 일이다.

인터넷 기반의 닷컴 기업들이 출현할 당시에 나는 여러 기회를 잡았다. 덕분에 나는 수백만 달러를 벌 수 있었지만, 나의 관심사는 돈이 아니었다. 단지 돈을 벌기 위해 일하지 않았다. 많은 돈을 벌고 싶어 하는 이유는 돈이 더 큰 일을 할 수 있도록 도와주는 매개체이기 때문이다.

내가 돈만을 위해 일했다면 그저 돈이나 많이 버는 것으로 끝났을 것이다. 우리가 하는 일에서 돈이 가장 중요한 것은 아니다. 중요한 것은 **목표**다. 이에 워틀스도 다음과 같은 이야기를 하고 있다.

> 한결같고 일관된 생각을 지키려는 노력만큼 대다수 사람이 꺼리는 것도 없다. 그만큼 세상에서 가장 힘들다고 할 만한 일이다. 이는 특히 진실이 육안으로 보이는 것과 정반대일 때 더욱 어려워진다. 눈에 보이는 만물의 표면은 마음속에 그대로 받아들이기 마련인데, 이는 진실에 대한 생각을 꿋꿋이 지켜야만 막을 수 있다.

사실 통장이 텅 비어 있으면 '잔액이 바닥났네. 돈을 좀 벌어야 해. 돈이 필요해.' 같은 생각을 하지 않을 수 없다. 이러한 생각을 막으려면 진실에 대한 생각을 지키며 당신이 원하는 대상의 풍부함을 이해해야 한다. 이와 관련하여 워틀스는 다음과 같이 글을 이어 나간다.

> 겉으로만 아파 보일 뿐 실제로는 건강한데도 병이 없다는 진실에 대한 생각을 꿋꿋이 지키지 않으면, 아파 보이는 겉모습에 주목하게 되면서 마음뿐 아니라 몸에까지 병이 생긴다.
>
> 가난은 없고 풍부함만 있다는 진실을 꿋꿋이 지키지 않으면, 가난한 겉모습에 주목하게 되어 마음이 가난의 형상으로 채워질 것이다. 질병의 겉모습에 둘러싸인 와중에도 건강을 생각하거나, 가난의 겉

모습 속에서도 부를 생각하려면 힘이 필요하다. 힘을 얻는 사람은 지휘자가 되어 운명을 정복할 수 있고, 원하는 것을 가질 수 있다.

위의 사실이 이해가 가지 않을 수도 있다. 그런데 여기에서 필요한 일은 사실을 이해하는 것이 아니라 믿는 것이다.

지금까지 설명한 힘은 만물의 이면에 존재하는 근본적인 진실을 알아야만 발휘할 수 있다. 세상에 생각하는 물질이 존재하고, 이를 통해 만물이 생겨난다는 진실을 알아야 한다.

또한 알아 둬야 할 진실이 하나 더 있다. 생각하는 물질에 깃든 생각은 모두 형태를 갖추며, 인간은 생각하는 물질에 자신의 생각을 각인시킴으로써 실체화할 수 있다.

위의 진실을 깨달으면 모든 의심과 두려움에서 벗어나게 된다. 이제는 우리가 원하는 것을 만들어 낼 수 있음을 알았기 때문이다. 우리는 바라던 것을 손에 넣을 수 있고, 원하는 대로 될 수 있다. 부자가 되기 위한 첫걸음은 이 장의 앞부분에서 제시한 세 가지 기본 원칙을 믿는 것이다. 그만큼 중요한 원칙이니 다시 되짚어 보라.

일원론적 우주 외의 다른 우주 개념은 모두 제쳐 놓고, '생각하는 물질'의 개념이 마음속에 확실히 자리 잡을 때까지 곱씹어 생각해야 한다. 이 개념을 신조로 삼아 읽고 또 읽어라. 단어 하나하나를 머릿속에 새겨넣고 그 말에 확고한 믿음이 생길 때까지 되새겨라. 의심이 고개를 들면 모질게 떨쳐 버려라. 이 개념에 반하는 주장에 귀를 기울이지 말라. 반대되는 개념을 가르치거나 설교하는 교회나 강연에 가지 말라. 다른 개념을 가르치는 잡지나 책도 읽지 말라. 신념이 엉키기 시작하면 그동안의 모든 노력이 헛수고가 된다.

생각하는 물질의 개념이 어떠한 근거에서 사실인지 의문을 품지 말고, 어떻게 사실일 수 있는지 추론하지도 말라. 그냥 믿고 받아들여라. 부의 과학은 믿음을 절대적으로 받아들이는 것에서부터 시작된다.

이 모두가 아주 이상한 얘기로 들린다면, 내가 알기로 생각하는 물질의 개념을 지지하는 사람들은 좋은 일을 많이 하고 있다. 철저히 봉사 지향적인 삶을 산다. 모두가 무엇을 하든 더 크고 훌륭한, 즉 확장과 더 충만한 표출을 꾀할 방법을 찾고 싶어 하면서 각자의 소망을 실현해 나가고 있다.

이쯤에서 잠깐 시간을 내어 다음 질문에 답해 보기 바란다.

1. 부자가 되기 위한 첫걸음은 무엇인가?
2. 인간은 어떤 존재이고, 어떤 힘을 갖고 있는가?
3. 만물의 이면에 감춰진 근본적인 진실은 무엇인가?
4. 부의 과학을 실천하려면 어떤 행동과 믿음이 필요한가?
5. 사람이 해야 하는 일 중 더 많은 힘이 들어가는 것은 무엇이며, 그 이유는 무엇인가?

위 질문에 답했다면 이제는 그 답을 실천할 시간을 마련하라.

여기에서 알려준 대로 따라 해 보면 처음엔 소방 호스로 물을 마시는 기분일 수도 있다. 5년 동안 소방대원으로 일하며 많은 화재를 진압한 바에 따르면, 소방 호스에서 뿜어져 나오는 물에 맞으면 사람이 쓰러진다. 그러한 소방 호스의 물을 마시려고 하면 얼마나 힘들겠는가. 혼란스러워도 괜찮다. 그런 기분이 들어도 신경 쓰지 말라.

우리가 실행하려는 개념은 아주 방대하니, 받아들이기 버겁더라도 낙담하지 말라. 못 할 것 같다는 생각이 들어도 실망할 것 없다. 당신은 할 수 있다. 당신은 이미 실천하고 있으며, 또한 생각하고 있다. 정신적 활동을 계속 이어 가며 제대로 해내면 된다.

만약 내가 당신의 삶 또는 계좌 잔액을 들여다본다면 나는 당신에게 어떠한 상황이 벌어지고 있는지 정확히 말해 줄 수 있을 것이다. 내가 진행한 세미나에 참석했거나 나와 같은 공간에서 함께한 적이 있다면 알겠지만, 나는 누군가의 마음속에서 벌어지는 상황을 정확히 짚어낼 수 있다. 내면에서 벌어지는 상황은 전부 밖으로 드러나기 때문에 속을 읽어 내고 느낄 수 있는 것이다.

나는 직관적 요소가 고도로 발달해 있다. 늘 이러한 내용을 공부하기 때문에 정신이 예리한 편이다. 앞으로도 평생 내 능력을 그러한 상태로 연마할 생각이다.

누구나 어떤 일이든 일정 기간을 하다 보면 더 잘하게 되기 마련이다. 이 책의 내용도 공부하다 보면 더 잘 알게 될 것이다. 버겁다고 주눅 들 것 없다. 잘 안돼서 힘들다는 말이 나와도 전혀 부끄러워하지 말라. 누구나 다 그렇게 애를 먹는다. 당신은 지금 삶의 대전환을 이뤄 가는 중이니 그럴 만도 하다.

다만 지금까지의 개념을 깊이 이해하여 매일 활용하는 사람은 약 5%에 불과하며, 나머지는 그렇지 못함을 기억하라. 그 95%에게는 해당 개념이 터무니없으며, 도저히 말이 안 되는 얘기로 들릴 것이다.

당신은 이 모든 과정을 잘 이해하고 실천할 수 있다. 하지만 점점 버거워지면서 모든 걸 다 받아들일 수 없을 것 같다는 생각이 들 때는 그냥 이 책을 내년까지 계속해서 읽고 또 읽으며 공부해라. 오히려 전보다 못하고 있는 것 같은 기분이 들어도 잊고 털어내라. 사실은 전혀 그렇지 않으니까 말이다. 과거에 집착하지 말라.

# 자기 절제가 불러오는 변화

"가난은 없고 풍요로움만 있다는 진실을 계속해서 지키지 않으면 가난한 겉모습에 주목하게 되면서 마음이 가난의 형상으로 채워질 것이다."라는 워틀스의 말이 있다. 나는 이를 마음에 새기던 중 돈과 같은 크기로 종이를 잘라 다발을 만들고, 바깥쪽에 100달러 지폐 두 장을 얹어 놓았다. 그렇게 내가 실제로 가진 돈은 200달러뿐이었지 만, 2,200달러처럼 보이게 해서 주머니에 두둑이 넣고 다닌 적이 있 었다.

돈과 좋은 관계를 정립하면 돈을 끌어당기기 시작할 것이다. 나는 많은 돈을 끌어당기면서 그만큼 내어주기도 한다. 이 비결의 또 다른 부분이 바로 **베풀기**이다. 기꺼이 내어주고 정중히 받는다면 지나치게 많은 돈을 쓸 일은 없다. 이에 익숙해질수록 부자가 될 것이다. 나도 처음 시작했을 때는 받는 방법을 몰랐다. 그때 내 멘토는 다음과 같이 말해 주었다.

> "그러면 베푸는 법을 모르게 돼요."
> "그게 무슨 말씀인가요?"
> "베푸는 것과 받는 것은 같아요, 밥."

나에게는 서부 해안 지대에 사는 친구가 한 명 있다. 비영리 단체인 PSI 월드(PSI World)를 설립해 힘과 자유, 행복을 얻는 방법을 가르치고 있는 제인 윌하이트(Jane Willhite)라는 친구이다. 내가 정말 좋아하는 그녀의 말처럼 '베풀면 되돌아온다.(Givers gain)'

위에서 중요한 것은 인식의 수준이다. 사람은 아기일 때 동물적 상태인 맨 아래 단계에서 시작한다. 아기는 일어나는 모든 일에 반응한다. 그러다 기술을 터득하면 반응하지 않고 대응을 시작한다.

반응할 때는 투쟁하거나 도피한다. 그것이 동물이 살아가는 단계이며, 동물은 일어나는 일에 반응한다. 반면에 가르침을 터득한 사람들은 어떠한 것에도 반응하지 않고 대응한다. 생각하고 계획을 세운다.

"관찰은 힘이고 비판은 나약함이다.(Observation is power, judgement is weakness)"라는 말이 있다. 참으로 인상적인 말이지 않은가. 어떠한 일이 일어나면 그 일을 관찰해 보자.

한편 당신을 무례하게 대하는 누군가를 가정해 보자. 이때 당신은 그에 반응할 것인가? 피곤해서 인식력이 떨어지는 상태라면 맞서 싸우거나 회피할 것이다. 하지만 그리 좋은 방식은 아니다. 차라리 '저 사람은 왜 저러는 걸까? 왜 저런 식으로 굴까? 틀림없이 아주 불행해서 저러는 거겠지.'라고 생각하는 것이 좋다.

앞서 언급한 바와 같이 우리는 갓 태어날 때 동물적 상태인 맨 아래 단계에서 시작한다. 그리고 성장 과정에서 집단의식의 상태에 들어선다. 이처럼 아이는 성장하면서 밖으로 나갔을 때, 다른 아이들과 같아지려 한다. 아이는 집단을 따라 다른 아이들과 같은 옷을 입고, 누군가가 새 운동화를 사면 자신도 그것을 갖고 싶어 한다.

그것이 바로 **집단의식**이다. 모두가 같은 방향으로 가려고 할 때 '음, 저 사람들이 다 틀릴 리가 없잖아.'라는 생각을 하게 된다. 이쯤에서 새겨들어야 할 규칙이 있다. 대다수가 선택한 방향을 따르려고 할 때, 한두 명이 다른 쪽으로 가고 있음을 발견했다면 그 사람을 따라가라. 역사적으로도 집단은 늘 잘못된 방향으로 가지 않았는가.

그러다 마침내 내면에서 뭔가가 일어나면 진전을 이루게 된다. 사람은 뭔가 더 큰 일을 할 수 있기를 갈망한다. 비록 그 방향이 부정적이라 하더라도 그러한 갈망을 품는다. 당신 또한 단지 그 일이 무엇인지 모르고 있을 뿐, 더 큰 일을 하고 싶어 한다.

내가 그 일이 무엇인지 정확히 알려 주겠다. 그 일은 당신의 고차원적 측면의 인격과 독자성을 표출하고 싶어 하는 갈망이다. 당신의 내면에는 중요한 것이 깃들어 있다. 바로 당신의 정신적 DNA이다. 당신의 내면에는 완벽함이 있다. 그 완벽함이 안팎으로 표출될 기회를 찾고 있다. 정신은 언제나 확장과 더 충만한 표출을 바랄 뿐 붕괴를 바라지 않기 때문이다.

나에게 그러한 갈망이 일어났던 때가 기억난다. 나는 전보다 더 큰 일을 하고 싶었다. 그 일이 뭔지는 몰랐음에도 무언가라도 더 할 수 있기를 원했다. 워틀스의 책을 비롯하여 여러 책을 읽고 오디오 강연을 듣던 중 문득 한 가지 생각이 들었다. 나는 그냥 반복해서 책과 오디오를 읽고 들었던 것이다. 정말이지 그렇게 보낸 시간은 정말로 힘들었다. 누가 들으면 깜짝 놀랄 정도의 패러다임을 따랐기에 말도 할 수 없을 정도로 힘들었다.

그럼에도 나는 마음속에 열망을 품었고, 그 열망은 점점 커져갔다. 앞으로 더 나아가고 싶었다. 무언가 하고 싶다는 유별난 생각을 하던 와중에도 가끔 집단이 나를 주저하게 했다. 하지만 열망이 끓어오르면 다시 그쪽으로 이끌렸다.

위와 같은 경험을 하는 중이라면 당신에게 무슨 일이 일어나고 있는지를 깨달아라. 그리고 과거에 길들어 버린 자신에게서 벗어나고 있음을 의식하라. 당신의 모든 분자에 구석구석 스며 있을 만큼 길들임의 위력은 강하다. 그 유래가 몇 세대 전으로 거슬러 갈 수도 있다.

당신의 유전적 길들임은 수 세대 전으로 거슬러 간다. 아주 오래전, 어느 날 어머니와 아버지의 에너지 조각이 서로 기운차게 달리다 세차게 부딪쳤다. 그렇게 공명이 일어나고, 당신의 탄생이 시작되면서 280일 동안 같은 종류의 에너지를 더 많이 끌어당겼다.

어머니의 에너지 조각은 어떠했으며, 어머니는 어디에서 왔을까? 어머니의 부모님에게서 왔다. 그렇다면 아버지는? 아버지 또한 어머니와 마찬가지이다. 에너지 조각은 유전자 조성만큼이나 수 세대 전으로 한참을 거슬러 올라간다. 얼마나 멀리까지 거슬러 올라가는지는 아무도 모른다.

이후 280일이 지나 당신은 지구에 첫선을 보였다. 이때 당신의 마음은 빈 잔과도 같다. 주변에서 벌어지는 일이 어떠한 것이든 모두 잠재의식으로 바로 들여보내면서 패러다임이 형성되었고, 그 결과 길들임이 시작되었다. 당신은 이러한 길들임에서 벗어나는 중이다.

당신의 내면에는 독자적인 감정과 강한 열망이 있다. 워틀스의 말처럼 열망은 내면에 있는 가능성이 행동을 통해 밖으로 표출되려는 노력이다. 열망을 좇으려 할 때마다 앞으로 더 가지 못하도록 패러다임이 당신을 뒤로 끌어당긴다. 이에 마음속에서 전쟁이 벌어진다.

그때부터는 계속 밀어붙이는 편이 낫다. 그렇지 않으면 전쟁은 멈추지 않을 것이기 때문이다. 열망이 당신을 놓아주지 않는다면 상황은 더 심각해질 것이다. 당신은 이미 내면을 들쑤시면서 온갖 일을 벌인 상태이다. 이 와중에 어떠한 일이 벌어지고 있는지 모른다면 무척 힘든 시간을 보내게 된다. 알더라도 힘든 시간을 보내기는 마찬가지일 테지만, 적어도 무슨 일이 벌어지고 있는지 안다면 노력으로 벗어날 수는 있다.

그러던 어느 날 나는 '그래, 나에게는 자기 절제가 필요해. 내가 내린 지시에 따를 줄 알아야 해.'라는 깨달음을 얻게 된다. 그렇게 나는 자기 절제를 실행하기 시작하였으나, 돌연 열의가 식기 시작한다. '에휴, 그냥 헛된 바람이었나 봐. 해 봐야 달라진 게 없잖아.'라고 말이다. 여전히 혼란스러움이 가시지 않은 탓에 벽에 부딪혔다는 생각마저 들었다.

벽에 부딪힌 것 같더라도 목표를 놓아서는 안 된다. 결국 **자기 절제가 관건**이다. 자기 절제는 자신을 주도적으로 지휘하고, 이에 따를 줄 아는 능력이다. 간절하게 원하는 것이 있더라도 자기 절제가 동반되지 않으면 엉망이 되어 어떤 일도 일어나지 않는다. 소망과 절제는 서로 떼려야 뗄 수 없이 연결되어 있기 때문이다.

그러니 자신을 절제하라. 소망이 슬슬 시들해지는 순간이라면 다음과 같이 말하라. '그만. 이러면 안 돼. 자기 절제로 고비를 극복하자. 혼란스러워도 까짓거 신경 안 써. 주눅 들면 뭐 어때. 끝까지 매달려서 해내고 말겠어.'

그러면 어느 순간 새로운 생각이 떠오르며 그 생각을 행동으로 옮기게 된다. 그리고 행동이 결과를 바꾸면서 모든 일이 점차 바뀌기 시작한다. 이때는 그 변화가 미묘하게 일어나기 때문에 제대로 포착하려면 주의를 기울이며 지켜봐야 한다.

이때 자신의 생각을 제어하는 개념을 완전히 터득하기도 한다. 그리고 더는 반응을 하지 않게 되면서 다음과 같은 생각을 할 것이다.

'나는 어디로 가는지 알고 있고, 뭘 하려는지도 알아. A와 B 모두 나와 같이 가고 싶어 하지 않을 수 있지만 그래도 나는 내 길을 갈 거야. 그 무엇도 나를 막지 못해. 나에게는 꿈이 있으니까.'

마틴 루터 킹 목사가 그랬듯, 마음속에 꿈이 있어야 한다. 그리고 그 꿈을 이루기 위해 노력해야 한다.

"열망은 내면의 표출되지 않은 가능성이 행동을 통해 밖으로 표출되려는 노력이다."

월러스 워틀스

제4장

정신력을
성공의 나침반으로 삼아라

# 성장은 존재의 숙명이다

《부의 과학》 제5장에서 "가난이 숙명이라거나 가난해야 선하게 살
수 있다는 낡은 생각은 남김없이 쓸어내야 한다."라는 언급을 하고
있다. 부는 풍요로움, 더 큰 선, 확장, 더 충만한 표출을 누리도록 당
신에게 길을 열어 준다.

워틀스는 지적 물질을 '만물의 내면에 존재하며 만물과 당신에 깃
들어 살아가는, 의식이 살아 있는 존재'라고 했다. 이처럼 식물과 나
무를 비롯한 모든 만물을 성장시키는 힘은 당신을 거쳐 순환한다.

의식이 살아 있는 존재라면 지성처럼 생명력을 확장하고 싶어 하는 본능적인 열망이 있어야 하며, 모든 생명체라면 이를 위해 끊임없이 노력해야 한다. 생명력은 단지 살아 있기 위해서라도 **확장**이 필수적이기 때문이다.

확장은 모든 생명체에게서 나타난다. 자연 속의 만물에는 확장과 표출이 드러난다. 표출이 제대로 이루어지지 않은 곳은 사람이 손을 댄 곳뿐이다.

내가 사는 집의 서쪽에는 덩굴로 뒤덮인 울타리가 있는데, 덩굴이 선사하는 경관이 말로 형용할 수 없을 만큼 굉장하다. 울타리를 완전히 뒤덮어 얼마나 근사한지 모른다. 그러나 1~2년 전, 우리는 울타리를 교체하기로 했다. 울타리가 낡아서 허물어지는 바람에 내린 결정이었다. 하지만 덩굴을 걷어내야 한다는 말이 마음에 걸려 한참을 고민했다. 인부들이 낡은 울타리를 철거하고 새로운 울타리를 세웠지만, 다행스럽게도 덩굴은 변함없이 예쁘게 자랐다. 이처럼 생명은 자신을 더 크게 표출하려 한다. 이는 워틀스의 다음 말과 같다.

> 땅에 떨어진 씨앗은 싹을 틔우고 살아가면서 수백 개의 씨앗을 더 만들어 낸다. 생명은 살아감으로써 스스로를 증식시키며 끊임없이 더 많은 존재를 만들어 간다. 어쨌든 간에 계속 존재하려면 그럴 수밖에 없다.

동기부여 리더 로버트 슐러(Robert Schuller) 또한 "하나의 사과에 몇 개의 씨앗이 들어 있는지는 누구나 알 수 있지만, 하나의 씨앗에 몇 개의 사과가 들어 있는지는 아무도 모른다."라는 말을 했다. 이는 이 절의 핵심이라고 할 수 있다.

계속 존재하기 위해서는 성장해야 한다. 그렇지 않으면 죽는다. 사실은 그것이 필멸하는 존재의 본질이다. 따라서 나는 은퇴란 인간이 만들어 낸 가장 비열한 개념이라고 본다. 어떻게 은퇴라는 것을 생각했을까?

"하나의 사과에 몇 개의 씨앗이 들어 있는지는 누구나 알 수 있지만, 하나의 씨앗에 몇 개의 사과가 들어 있는지는 아무도 모른다."

로버트 슐러

수년 전 내가 소방서에서 일할 때, 대원들끼리 빙 둘러앉아 언제쯤 은퇴할 수 있을까를 얘기했다. 그리고 틈만 나면 정년 퇴직 기간을 낮추도록 노조를 압박하려 했다. 그러던 어느 날부터 나는 소방서에 앉아 한 책을 읽게 되었다. 귀로 듣는 얘기와 눈으로 읽고 있는 얘기가 서로 극과 극이었다. 순간 '왜 은퇴하고 싶어 하지? 나는 절대 은퇴하고 싶지 않아.'라는 생각이 들었다. 워틀스의 말을 이어서 살펴보자.

지성 역시 생명과 마찬가지로 끊임없이 늘어날 수밖에 없다. 우리는 어떤 생각을 할 때마다 또 다른 생각을 이어서 할 수밖에 없어서, 의식이 끊임없이 확장된다. 어떠한 사실을 배울 때마다 또 다른 사실을 연속적으로 배우게 되면서 지식이 끊임없이 증가한다. 또 재능을 연마할 때마다 마음에서 또 다른 재능을 키우려는 열망을 품게 된다. 자신을 표출하려는 생명의 욕구에 따라 더 많이 알고, 더 많은 일을 함으로써 더 나은 존재가 되도록 하는 충동이 끊임없이 일어난다.

위와 관련하여 다음의 말을 좋은 교훈으로 삼을 만하다. 당신의 상상력은 당신을 꼼짝 못 하게 가두거나, 새로운 영역으로 이끌기도 한다. 그렇다면 당신은 상상력을 어떻게 쓸 것인가? 생명과 정신이 당신을 통해 흐르며, 정신은 언제나 확장과 더 충만한 표출을 바란다. 우리에게는 성장하려는 욕구가 있다. 욕구를 억누르기 시작하면 몸에도 문제가 생긴다. 이에 워틀스는 다음과 같이 말한다.

우리는 더 많이 알고, 더 많은 일을 하고, 더 나은 존재가 되기 위해 더 많이 소유해야 한다. 활용할 자원이 있어야 한다. 자원을 활용해야만 배우고 활동하고 발전할 수 있으므로, 더 나은 삶을 살기 위해서는 부자가 되어야 한다.

은행 계좌나 그와 유사한 저장 공간에 돈을 쌓아두기 위해 부를 획득하지 말라. 부는 삶을 더 풍요롭게 펼치도록 돕는 역할을 해야 한다.

돈은 타인이 판매하는 상품이나 서비스와 맞바꾸기 위해 활용하는 매개체이다. 그러나 우리가 예전부터 쭉 돈을 사용한 건 아니다. 한참 전의 과거로 거슬러 가면 모든 게 물물교환으로 거래되었다.

그보다 훨씬 더 거슬러 가면 "에이, 사냥하기 싫어."라는 말을 했을 법한 시기도 있었다. 누군가는 "당신이 나에게 화살을 만들어 주면 내가 당신 대신 사냥을 해 줄게요."라는 말도 했을 것이다. 다음과 같은 대화도 오갔을 만하다.

> "화살을 직접 만들지 않아도 된다고요? 어떻게 그럴 수 있어요?"
> "다른 사람이 내가 쓸 화살을 만들어 줘요. 나는 그 사람을 대신해 사냥을 해 주고요. 그 사람은 화살을 잘 만들어요. 화살이 정말 곧아서 사냥할 때 정말 좋아요."
> "그 사람이 나에게도 화살을 만들어 줄까요?"
> "글쎄요, 모르겠네요. 가서 물어봐요."

그 사람이 나에게 물으러 오지만 나는 이렇게 답한다.

> "안 되겠는데요. 고기는 더 필요하지 않아서요. 이미 먹고살 만큼 얻고 있어요."

바로 위의 상황에서 돈의 필요성이 생긴다. 우리에겐 사람들의 상품이나 서비스와 맞바꿀 매개체로 삼을 수단이 있어야 한다.

부에 대한 열망은 간단히 말해 더 충만한 삶을 이뤄내는 능력이다. 모든 열망은 표출되지 않은 가능성을 실행하려는 노력이다. 자신을 드러내려는 힘이 열망을 불러일으킨다. 더 많은 돈을 갖기를 바라도록 부추기는 근원은 식물을 자라게 하는 원동력과 같다. 이는 곧 더 충만한 표출을 바라는 생명인 것이다.

열망이란 자신을 더 훌륭하게 드러내고 싶어 하는 잠재의식에서 비롯된다. 더 많은 돈을 갖고 싶도록 부추기는 근원은 식물의 성장 동력과 다르지 않다. 의식의 중심에 있는 생명은 본질적으로 완벽하며, 이를 당신의 안팎으로 드러내려 한다.

그러나 문제가 있다. 곰곰이 따져보니 '나는 원하는 것을 갖고 싶지만 가질 방법이 없어.'라는 생각도 들 수 있겠다. 이러한 생각은 사실 그 자체로 방법은 몰라도 원하는 것을 가질 수 있다는 증거이다. 당신은 원한다면 뭐든 가질 수 있다.

내가 그 비법을 알려 주겠다. 목표를 이루려 할 때 해법을 알면 오히려 다른 길로 새면서 하던 일을 하게 될 뿐이다. 그러니 가본 적 없는 곳으로 가게 해 줄 목표를 세워라. 탐험가 에드먼드 힐러리 경은 에베레스트 정상에 오르고 나서야 그곳에 오르는 방법을 터득했다. 라이트 형제도 비행기로 날아오르고 난 뒤에야 비행기를 공중에 띄우는 방법을 알게 되었다.

당신은 부자가 되어야 한다. 이는 자신을 표출하는 데 활용할 수단이 많아야 자신을 더 잘 드러낼 수 있기 때문이다. 당신에게 제한 없이 마음껏 활용할 생명의 수단이 있어야 당신의 안에서 더 풍요로운 생명력을 누릴 수 있다.

우리는 내면과 외면에서 지금까지보다 더 큰 선을 행하고 싶어 한다. 따라서 당신이 더 많이 소유하고, 더 많은 일을 하고, 더 나은 존재가 되고 싶어 하는 것이다. 우리는 이러한 열망을 실천하며 성장해야 한다. 따라서 더 큰 사람이 되어 인식을 높여야 한다. 우리가 가진 정신적 능력과 그 힘을 제대로 활용할 방법을 고차원적으로 인식해야 한다. 인식은 그만큼 중요하다.

"가 본 적 없는 곳으로 가게 해 줄 목표를 세워라. 탐험가 에드먼드 힐러리 경은 에베레스트 정상에 오르고 나서야 그곳에 오르는 방법을 터득했다."

밥 프록터

나는 파워포인트 슬라이드를 모두 내 손으로 직접 만든다. 그 방법을 배우는 데 엄청 애를 먹었다. 익혀야 할 게 정말 많았지만 끝내 배우는 데 성공했고, 그 과정에서 다른 것들도 많이 배웠다. 이 역시 정신이 자신을 표출하는 것이다. 어떤 일이라도 하고 싶고, 배우고 싶어 하는 것이다. 배움을 부정적으로 보면 안 된다. 배움은 우리의 인식을 넓힌다는 점에서 바람직하다. 지금 나는 파워포인트 슬라이드 작성 방법을 전보다 더 잘 인식하고 있다. 인식을 넓히는 것, 그것이 바로 배움이다.

# 당신의 내면에 감추어진 천재성

우주는 당신이 원하는 모든 걸 갖기를 바란다.

자연은 당신의 계획을 도와주는 지원군이다.

모든 것이 원래부터 당신 편이다.

이 진실을 받아들이기로 결심하라.

단, 당신의 목적이 만물에 깃든 목적과 조화를 이루어야 한다는 점을 명심해야 한다.

우리에게는 삶의 목적이 있어야 한다. 나의 목적은 더 많은 도움을 펼치기에 좋은 환경에서 생활하고 일하는 것이다. 나의 가족, 회사, 지역사회, 조국, 그리고 궁극적으로 온 세상에까지 새롭고 더 큰 방법으로 도움을 줄 수 있기를 원한다. 삶의 목적이 있어야 우리는 더욱 성장한다.

단순히 쾌락이나 관능적 만족이 아닌 진정한 삶을 원해야 한다. 삶은 기능을 수행하는 과정이다. 가능하다면 육체적·정신적 기능을 치우침 없이 모두 수행해야 비로소 진정한 삶을 살 수 있다.

돼지처럼 살며 동물적 욕구나 충족시키기 위해 부자가 되려고 해서는 안 된다. 그렇게 사는 것은 삶이 아니다. 하지만 육체적 기능의 수행도 삶의 중요한 부분이다. 육체적 충동이 정상적이고 건강하게 표출되지 않으면 온전한 삶을 살 수 없다.

오로지 정신적 쾌락을 즐기고, 지식을 쌓고, 야망을 충족시키고, 남들보다 더 빛나고, 유명해지기 위해 부자가 되려고 해서도 안 된다. 이 모두가 꿈꿔 마땅한 삶의 일부이지만 지적 쾌락만을 위해 사는 사람은 부분적인 삶만 살게 되어 절대 만족스러운 삶이 되지 못한다.

나폴레온 힐에 따르면 교양인은 **마음의 능력**을 고도로 단련하여 남들의 권리를 침해하지 않으면서 뭐든 자신이 원하는 것이나 그에 상응하는 것을 얻을 수 있는 사람이다.

> "교양인은 마음의 능력을 고도로 단련하여 남들의 권리를 침해하지 않으면서 뭐든 자신이 원하는 것이나 그에 상응하는 것을 얻을 수 있는 사람이다."
>
> 나폴레온 힐

이쯤에서 묻고 싶은 것이 있다. 당신이 가진 마음의 능력은 무엇인지 적어 낼 수 있는가? 그렇지 못하더라도 낙담할 필요는 없다. 100명 중 98명이 자신의 정신적 능력이 무엇인지 말하지 못하니까 말이다.

우리에게는 오감을 통한 감각이라는 신체적 능력이 있다. 당신이 무감각한 상태라면, 그것은 그 능력이 당신의 감각 요소를 억누르고 있어 당신에게 벌어지는 상황을 의식하지 못하는 것이다. 당신의 감각은 철저히 신체적 이득을 위해 작동하여 외부 세계와의 대응과 소통이 잘 이루어지도록 돕기도 한다. 하지만 신체를 초월해 비신체적 세계로 들어서고 싶다면, 다시 말해 정신 계발에 나서 당신의 인격을 이루는 내적 측면을 알려 한다면 더 고차원적인 능력을 이해해야 한다.

이미 당신의 정신적 DNA는 완벽하다. 고치거나 개선해야 할 부분이 전혀 없다. **정신**은 전지전능하며 언제나 존재한다. 정신에는 예전부터 존재했거나 앞으로 존재할 세상의 모든 지식과 능력이 깃들어 있다. 정신은 어디에나, 어느 곳에나 모두 존재한다. 그 말인즉 정신이 우리의 안에 있다는 뜻이다. 정신은 언제나 동시에 100% 동등하게 존재한다. 그것이 진정한 당신이다. 당신은 불멸하는 영혼의 후예이다.

스마트폰을 예로 들어 살펴보자. 스마트폰을 만드는 방법은 예전부터 존재했다. 단지 그 존재를 깨닫고 마음을 확장할 몇몇 사람이 필요한 상태였다가 어느 순간부터 갑자기 많은 이들이 스마트폰을 들고 다니게 된 것뿐이다. 주머니에 쏙 들어가는 손안의 작은 컴퓨터는 처음으로 로켓을 달로 쏘아 보내는 데 필요했던 컴퓨터보다도 성능이 좋다.

그러한 사실은 우리가 가야 할 방향을 알려 준다. 정신은 곧 당신이며, 전능하다. 당신의 안에는 모든 능력과 지식이 내재해 있으며, 당신에게 필요한 것이 모두 들어 있다.

그렇다면 능력과 지식을 활용하려면 어떻게 해야 할까? 지금까지 살펴본 바와 같이 마음은 의식과 잠재의식으로 나뉜다. 의식은 감각에 연결되어 작은 안테나처럼 우리가 외부 세계에 대응하고 소통할 수 있도록 한다.

또한 의식은 지성이기도 하다. 지성은 감정을 어떻게 사용할지 결정한다. 한편 감정은 신체를 통해 자신을 드러내며, 이러한 표출은 이 책의 관점에 따르면 진동을 뜻하는데, 결국 감정은 곧 진동이다.

그렇다면 진동을 제어할 방법은 무엇일까? 지적 요소인 관점, 의지, 상상력, 기억력, 직관, 이성을 통해 제어할 수 있다. 안타까운 일이지만, 우리는 학교에서 이들 요소에 대해 배우지 않는다. 그 탓에 모든 능력을 아주 어릴 때부터 갖고 있었으면서도 쓰지 못하고 있다. 하지만 그러한 능력은 우리의 의식에 엄연히 존재하는 강력한 존재이다.

　상상력을 발휘하면 힘이 의식으로 흘러들어 생각을 일으킨다. 그리고 우리가 상상으로 그림을 그리면 그 생각이 마음속에 심어진다.

> "진동을 제어할 방법은 무엇일까?
> 지적 요소인 관점, 의지, 상상력, 기억력, 직관, 이성을 통해
> 제어할 수 있다."

　원하는 것을 그림으로 표현하려면 어떻게 해야 할까? 그 출발점은 우리에게 소망을 품게 하는 마음이다. 자신의 존재감을 더 크게 드러내고 싶어 하는 소망은 우리의 마음속에 있다. 당신이 누군가에게 바라는 것을 원하는 이유가 무엇이냐 묻는다면 상대는 선뜻 대답하지 못할 것이다. 어린아이 또한 마찬가지이다. 아이의 경우, 정신이 아이에게 무언가를 원하도록 부추기고 있기 때문이다. 즉 정신이 아이를 통해 자신을 표출하고 싶어 하는 것이다.

　소망이 우리의 의식으로 들어오면 우리는 상상력을 발휘해 소망을 보고 이야기할 수 있도록 전환한다. 그런 다음 그 소망을 정신으로 보내어 마음속에 다시 담는다. 마음은 당신의 생명에서 중심을 이루는 신성한 곳으로, 당신의 전체를 아우른다. 당신 안에 깃든 정신인 마음은 당신의 의식으로 흘러들어 당신이 무언가를 의식적으로 원하게 만든다.

그렇게 소망이 일어나면 당신은 상상력으로써 원하는 소망을 확장하여 구체화한 후, 소망을 마음속에 심는다. 이를 반복하면 소망은 열망이 되어 진동을 바꾸고, 그 진동이 결과를 바꾼다. 이처럼 더 고차원적인 능력을 사용하다 보면 당신은 천재의 경지에 도달하게 된다. 누구나 내면에 천재성을 품고 있기 때문이다.

# 세상을 바라보는 감각을 개선하라

　누군가 내게 지도를 부탁했을 때, 내가 정확히 원하는 것을 묻는다면 대다수 사람은 말하기 부끄러워하며 말을 아끼려 든다. 자신의 열망을 마음속에서 꺼내지 않는다. '내가 뭘 원하는지 말하면 선생님이 날 어떻게 생각할까?'라고 생각하면서 말이다. 당신이 나에게 무슨 말을 하더라도 당신에 대한 내 생각은 조금도 바뀌지 않을 것이다. 나는 이미 당신에 대해 짐작하고 있다. 당신을 완벽한 천재로 보고 있다.

당신은 **천재성**을 자유롭게 표출하고 있는가? 대다수 사람은 그렇지 못하다. 나는 누군가와 자리를 잡고 앉아 있을 때 그 사람이 원하는 것을 정확히 알고 싶어 한다. 그렇다면 당신은 어떻게 살고 싶은가?

이제부터는 더 고차원적인 능력으로 당신의 마음이 지닌 힘을 해방하라. 그러면 당신의 귀납적이고 이성적인 요소가 당신에게 아무것도 섞이지 않은 순수한 정신을 활용할 수 있게 해 준다. 당신은 생각할 수 있는 존재이다. 물 밑에 있든, 비행기 안에 있든, 욕조에 들어가 있든, 길을 걷는 중이든 어디서나 생각을 할 수 있다. 사고력 덕분에 정신을 활용해 작은 부분들을 쏙쏙 뽑아낸 다음, 한데 모아 아이디어를 세울 수 있다. 그것이 귀납적이고 이성적인 요소의 역할이고, 사고력을 펼치는 사람이 곧 생각하는 사람이다. 그러나 대부분은 사고력을 제대로 키우지 않는다.

생각하는 일이 세상에서 가장 힘든 일이라고 말했던 헨리 포드의 말을 떠올려 보면 생각을 하려는 사람이 별로 없는 것도 그만큼 생각이 쉽지 않음을 알 수 있다. 한편 교육자 케네스 맥파랜드(Kenneth McFarland) 박사는 "생각할 수 있는 사람은 2%이고, 3%는 생각을 할 수 있다고 착각하며, 95%는 생각을 하느니 차라리 죽고 싶어 한다.(2% of the people think, 3% of the think they think, and 95% of the people would rather die than think)"라는 말을 한 바 있다.

나도 그 말에 동의한다. 혹시 모든 사람이 생각을 한다고 믿고 있는가? 그렇다면 주변에서 벌어지는 상황에 귀를 기울여 보자. 맥파랜드

박사의 말이 명확하게 다가올 것이다.

타인의 말을 경청하다 보면 좋지 않은 일을 얘기하는 사람들이 있다. 나는 그런 사람에게 이렇게 묻는다. "왜 그런 생각을 해요? 왜 그곳에 가보려고 하지 않아요? 당신은 무엇이든 생각하는 대로 된다는 걸 모르겠어요? 당신은 생각과 조화를 이루고 있어서 생각하는 것을 끌어당기게 되어 있어요. 그러니까 좋은 생각을 하세요. 당신에겐 에너지가 넘치고, 경이로운 힘이 당신에게로 흘러들어 오면서 당신을 거쳐 나가고 있다고요. 생각을 하세요. 진짜 생각을요."

"생각할 수 있는 사람은 2%이고, 3%는 생각을 할 수 있다고 착각하며, 95%는 생각을 하느니 차라리 죽고 싶어 한다."

케네스 맥파랜드

이번엔 **관점**에 대해 얘기해 보자. 앞에서도 인용한 웨인 다이어 박사의 말처럼 '관점을 바꾸면 다르게 보인다.' 때때로 나는 해결하기 어려운 문제를 겪으면 이를 현재 시제로 최대한 상세하게 적는다. 그 다음 종이를 책상 가운데에 놓거나, 가능하다면 식탁 가운데에 두고 의자에 앉아 똑바로 바라보며 다음과 같이 말한다. "저건 내 안의 문제일까, 종이에 적힌 문제일까?" 시간이 좀 걸리는 일이긴 하지만, 문제를 내 안에서 꺼내 종이로 옮겨 놓는 방법은 내가 객관성을 취할 유일한 방법이다.

이어서 나는 "나폴레온 힐이라면 이 문제를 어떻게 볼까?"라고 묻기도 한다. 그런 다음 책상이나 식탁의 다른 쪽에 앉아 "얼 나이팅게일이라면 이 문제를 어떻게 볼까?"라고 또 묻는다. 방금과 같은 행동을 반복하며 "헨리 포드라면 이 문제를 어떻게 볼까?"라는 질문을 던진다.

당신에게도 이 방법을 권하고 싶다. 포드와 힐, 그리고 나이팅게일의 정신 그 자체가 되어 당신의 문제를 그들의 입장에서 바라보면 보다 다양한 관점을 얻게 된다. 그러면 관점이 이내 극적으로 바뀔 것이다. 심각하게 여겼던 문제가 실제로 큰 것이 아니라고 느낄 수 있다.

이어서 **직관**을 알아보자. 직관은 진동을 감지하여 머릿속에서 해석할 수 있게 해 준다. 때때로 해석을 하지 못할 수도 있지만 감지할 수는 있다.

당신이 다른 사람을 만날 경우, 막대한 에너지를 품은 상대는 진동으로 자신의 생각, 느낌, 행동 등 마음속 상황을 표출한다. 즉 생각, 느낌, 행동을 진동으로 표현하여 당신의 직관적 요소가 그 에너지를 감지해 낸다.

설령 당신에게 고도로 진화된 직관적 요소가 있다고 생각하지 않더라도 당신은 사람들과 같이 있을 때 상대의 기분을 감지한다. 상대가 어떠한 문제로 걱정하는 듯한 기색이 역력하다면 당신은 무슨 문제로 그러는지 궁금해질 것이다. 즉 당신의 직관적 요소가 에너지를 감지하여 상대방이 무엇을 걱정하는지 당신에게 알려 주는 것이다.

당신이 나의 세미나에 참석한다면 나는 당신의 에너지를 정확하게 읽어 낼 수 있다. 가끔 나는 이를 사람들에게 증명하기 위해 정말로 사람들의 에너지를 파악한다. 내가 할 수 있다면 당신도 할 수 있다. 우리는 한 사람의 예외도 없이 모두가 초능력자이다.

당신의 직관적 요소는 진동을 감지하기 때문에 당신에게는 언제나 메시지가 오고 있다. 당신이 오랫동안 서로 연락이 없었던 사람을 생각하는 중이었다고 가정해 보자. 그때 전화벨이 울려서 받아 보니 그 사람이다. 그때 당신은 "이런 우연이 다 있네! 그렇지 않아도 지금 네 생각 중이었거든."이라 말하겠지만, 이 일은 절대 우연이 아니라 '사고의 전이(Thought Transference)'이다. 사고의 전이는 늘 일어나고 있으며, 이는 당신의 직관적 요소가 감지한다.

직관을 키우려면 어떻게 해야 할까? 다른 사람과 같이 있을 때 의식적으로 상대에게 온 관심을 맞춰야 한다. 대다수 사람은 의식적인 관심을 상대가 아닌 자신에게 맞춘다. 넥타이가 비뚤어져 있지 않은지 살피거나 얼굴에 음식이 묻을까 봐 조심하거나, 상대가 자신을 어떻게 생각할지 고민한다.

그러나 허튼 관심은 털어내야 한다. 사람들이 당신을 어떻게 생각할지 신경 쓰면서 걱정하는 일은 그만하라. 사람들이 당신에 대해 생각보다 관심이 없다는 사실을 알고 나면 더는 사람들의 시선을 걱정하지 않게 될 것이다.

모든 의식을 상대에게 집중하고, 상대의 말을 적극적으로 경청하라. 진심으로 관심을 기울여 단 한 마디도 건성으로 흘려듣지 말라.

끼어들고 싶은 마음에 안달이 나서 상대의 말을 끊으면 안 된다. 말이 다 끝날 때까지 들어주다 보면 차츰 직관이 길러진다. 정말이다.

"사람들이 당신에 대해 생각보다 관심이 없다는 사실을 알고 나면 더는 사람들의 시선을 걱정하지 않게 될 것이다."

밥 프록터

# 우리의 정신적 가치는 무한하다

우리의 정신적 능력에는 **기억력**도 있다. 언젠가 나는 기억력 분야의 전문가 해리 로레인(Harry Lorayne)을 초빙해 함께 토론토에서 열리는 한 회의에 참석하러 갔다. 당시 뉴욕에서 토론토까지 비행기로 1시간을 가야 했다. 해리는 〈뉴스위크(Newsweek)〉였는지 〈타임(Time)〉이었는지 잘 기억나지 않지만, 아무튼 주간지 1부를 가지고 비행기를 타더니 토론토까지 가는 동안 주간지를 통째로 암기했다.

해리는 토론토에 도착하자 조수에게 주간지의 모든 페이지를 복사하게 했다. 회의장에는 3,000명이 모여들었고 우리는 복사본 수백 장을 나눠 주었다. 그때 해리는 한쪽 문 옆에 서서 사람들을 맞았다.

드디어 무대에 올라선 순간 해리는 "여기에 들어올 때 저와 마주한 분들은 일어나 주세요."라며 말문을 열었다. 이에 매우 많은 사람이 일어났다. 해리는 한 사람씩 돌아가며 이름을 불렀다. 발음하기 힘든 이름은 스펠링으로 말했다. 그다음에는 사람들에게 무작위로 복사본을 읽게 했다. 사람들이 그렇게 읽다가 중간에 멈추면 해리가 이어서 암송했는데, 페이지마다 실린 광고까지 정확하게 말했다. 참석자들은 그의 놀라운 기억력에 감탄할 수밖에 없었다.

우리의 기억력에는 한계가 없다. 우리는 완벽한 기억력을 가지고 있다. 이 정신적 근력은 경이로울 정도까지 키울 수 있지만 그러려면 훈련이 필요하다. 내가 매일 한 손으로는 근력 운동을 하고 다른 손에는 붕대를 두르고 팔걸이를 한 채로 놔둔다면 얼마 지나지 않아 한쪽 팔은 근육으로 탄탄해진 반면, 다른 쪽 팔은 힘도 제대로 쓰지 못할 것이다. 마음도 이와 다르지 않다. 쓰지 않으면 힘을 잃고, 단련하면 강해진다.

그런가 하면 정신적 능력에는 의지도 있다. 당신은 마음의 화면에 다른 생각은 전부 차단한 채 하나의 생각만 담을 수 있다. 우리에게는 작은 안테나처럼 작동하는 오감이 있다는 사실을 알아야 한다. 이 오감은 사이렌 소리, 소방차 소리, 경찰차 소리, 공사 현장 소리 등 외부의 온갖 잡음을 감지한다. 의지를 발휘하여 이런저런 잡음은 차단하고 한 생각에만 의식적으로 관심을 집중해 보자.

힘은 우리에게로 흘러와서 우리를 거쳐 나간다. 힘은 우리를 찾아올 때는 형태가 없다. 즉 아무것도 섞이지 않은 순수한 창의적 정신이다. 우리는 이러한 힘에 형태를 부여한 후 다시 우주로 되돌려 보낸다. 이때 **집중력**을 발휘하면 진동의 진폭을 높여 훨씬 강력하게 만들 수 있다.

집중에 무슨 힘이 있겠냐고 생각한다면 다음과 같은 상황을 생각해 보자. 당신이 쇼핑몰에서 쇼핑을 하던 중 갑자기 등 뒤에서 느껴지는 시선과 같은 불편함을 느낀다. 이에 뒤를 돌아보니, 아니나 다를까 실제로 누군가 쳐다보고 있다. 이제 그 사람은 시선을 돌려 다른 방향으로 걸어간다. 이상의 상황은 그 사람이 당신을 집중적으로 응시하면서 강력한 에너지를 발산하였기 때문에 벌어진 것이다.

한편 **집중**은 진동의 진폭을 높이며, 당신에게서 발산되는 에너지를 더욱 강화한다. 누군가 당신에게 더 짧은 시간 안에 목표를 달성할 수 있겠느냐고 묻는다면, 반드시 가능하다고 답하라. 집중력을 발휘하면 되니까 말이다. 집중은 진동의 진폭을 높이기 때문에 당신이 목표에 에너지를 많이 쏟을수록 시간이 단축된다. 우리는 목표에 에너지를 더 많이 쏟아야 하며, 이를 위해서는 집중하려는 의지가 있어야 한다. 폰 브라운이 케네디에게 한 말과 같이 달에 가는 데 필요한 것은 달에 가려는 의지뿐이다.

**상상력**은 아주 놀라운 도구다. 현재 만들어진 것은 모두 상상 속에서 창조되었다. 그리고 당신이 상상한 것은 잠재의식으로 넘어간다. 잠재의식은 그것이 진짜인지를 구분하지 못하며, 도덕적 관념도 없다. 흙과 마찬가지로 당신이 무엇을 심든 상관하지 않으며, 그저 당신이 심은 대로 되돌려 줄 뿐이다. 마찬가지로 잠재의식은 당신이 심는 대로 모두 받아들이기 때문에 기왕 심겠다면 좋은 것을 심어야 한다.

우리는 누구나 천재이지만, 천재의 경지에 이르려면 지금까지 소개한 고차원적 능력을 키워야 한다. 우리의 정신도, 생각도 어디에나 존재한다. 이에 당신이 원하는 것을 선택해 하나로 집중하여 생각을 만들어라. 그리고 당신이 원하던 그 생각을 꿋꿋이 지켜라. 생각을 지켜야 목표가 세워진다.

> "잠재의식은 당신이 심는 대로 모두 받아들이기 때문에
> 기왕 심겠다면 좋은 것을 심어야 한다."

제 5 장

# 부의 흐름을
# 당신에게로 끌어당겨라

# 부의 흐름을 설정하는 세 가지 전략

이번 장은 나폴레온 힐의 '큰돈(The Big Money)'이라는 글에서 발췌한 부분으로 시작하고자 한다.

'큰돈'이라고 부를 만큼의 돈은 물이 언덕을 타고 흘러내리듯 돈을 모으는 사람에게는 쉽게 들어온다. 여기에는 눈에 보이지는 않지만, 강에 비유할 만한 커다란 힘의 줄기가 존재한다. 하지만 이들 힘의 줄기는 강과 다르게 한 방향으로 흐르며, 그쪽으로 들어서는 모두를 부가 있는 상류로 데려간다. 다른 쪽은 불운하게도 반대 방향으로 흐르면서 여기에 들어선 이들과 그 줄기에서 탈출하지 못하는 이들 모두를 비참함과 가난이 존재하는 하류로 끌고 간다.

큰 재산을 모은 이들은 한 사람도 예외 없이 삶에도 힘의 줄기가 존재한다는 것을 알아챘다. 이 줄기는 사고 과정으로 이루어진다. 긍정적인 감정은 행운으로, 부정적 감정은 가난으로 유도하는 줄기로 향한다.

이 법칙은 큰돈을 모으려는 목적으로 힘의 줄기를 따르고자 마음먹은 사람에게 아주 중요한 점을 시사한다. 바로 힘의 줄기가 가난으로 이끄는 쪽에 있다면, 이 법칙을 노로 삼아 다른 쪽 줄기로 넘어갈 수 있다는 것이다. 하지만 이 법칙은 실제로 적용하고 활용해야 도움이 된다. 그냥 스치듯 읽고 섣부른 판단을 내린 채 넘어가 버리면 아무 도움도 되지 않을 것이다.

가난과 부는 서로 자주 밀어내는 관계이다. 가난이 자진해서 부를 밀어내고 자리를 독차지하는데, 실제로도 그러는 것이 일반적이다. 그러나 그 반대의 경우는 대체로 철저한 계획과 실행에 따른 결과이다. 가난은 대담하고 무자비하기에 계획도, 조력자도 필요 없다. 반면에 부는 내성적이고 소심하다. 누군가 '끌어당겨야' 온다.

이어서 다음에 제시한 워틀스의 《부의 과학》 제6장의 일부를 살펴보도록 하자.

유리한 조건으로 흥정해야 한다는 말은 상대를 부당하게 대우하면 안 된다는 뜻이다. 결코 흥정을 하거나 상대방과 거래할 필요가 없다는 얘기가 아니다. 그러니 무언가를 공짜로 얻으려 애쓰지 말고, 누구에게나 받은 것 이상으로 돌려주어라.

물론 모든 사람에게 받은 것 이상의 현금 가치를 돌려줄 수는 없겠지만, 받은 것보다 높은 이용 가치를 돌려줄 수는 있다. 이 책을 만드는 데 사용된 종이와 잉크 등의 재료비는 당신이 낸 책값보다 현금 가치는 낮다. 하지만 이 책에서 제시하는 개념으로 당신이 수천 달러를 벌게 된다면, 당신은 이 책의 판매자에게 부당하게 이용당한 게 아니라 오히려 적은 현금 가치로 큰 이용 가치를 돌려받은 셈이 된다.

내가 어느 유명한 화가의 그림 한 점을 소유하고 있다고 가정해 보자. 해당 그림은 문명사회에서 수천 달러의 가치를 호가하는 작품이지만, 내가 이 그림을 북극의 배핀만*(Baffin bay, 그린란드와 캐나다의 배핀섬에 둘러싸인 만)으로 가져가서 '판매 수완'을 발휘해 그곳의 한 원주민에게 500달러 상당의 모피를 받고 팔았다. 그렇다면 그 사람에게는 쓸모없는 그림을 판 셈이니 부당 이익인 것이다. 원주민에게는 그 그림이 이용 가치가 없어 삶에 아무 보탬이 되지 않기 때문이다.

하지만 내가 모피값으로 50달러 상당의 총을 준다면 원주민에게는 좋은 거래가 된다. 총으로 모피와 식량을 더 많이 얻게 될 테니 이용 가치가 쏠쏠한 거래이다. 여러모로 생계에 도움이 되어 부자가 될 수도 있다.

경쟁적 상태를 넘어서서 창의적 상태로 올라서면 해당 거래를 아주 상세하게 검토할 수 있다. 이를 통해 자신이 상대에게 받는 것 이상으로 상대의 삶에 보탬이 되지 않는 것을 팔려고 한다는 판단이 선다면 멈출 수 있다. 따라서 거래를 할 때는 상대를 꼭 이겨야 할 필요가 없다. 타인을 물리쳐야만 하는 사업을 하고 있다면 당장 그만둬라.

이상으로 거래 상대가 누구든 현금 가치로 받는 것보다 높은 이용 가치를 돌려줘라. 그러면 모든 거래를 통해 당신이 많은 이들의 삶에 보탬이 될 것이다.


사람들은 흔히 자기 몫의 파이를 따진다. 그러다가 '파이를 더 많이 가져가려면 다른 사람의 몫까지 빼앗아야 해.'라는 생각에까지 이르기도 한다. 이는 결코 좋은 생각이 아니다. 더 많은 파이를 가져갈 수 있는 비결은 따로 있다. 바로 파이를 크게 키워 모두가 많이 가져갈 수 있게 하면 된다.

보상의 법칙에 따라 당신의 수입은 언제나 당신이 종사하는 일의 필요성, 능력, 그리고 대체 불가능성에 정비례하기 마련이다. 이 세 요소 중 당신이 집중해야 할 단 하나는 일을 해내는 능력이다. 어떤 일을 하든 그 분야의 뛰어난 실력자가 되어라. 그러니 지금 하는 일에서 자신의 실력이 어느 정도인지를 성찰하라.

사람이라면 누구나 시간과 돈에서 자유롭기를 바란다. 그런데 돈에 집착할 필요가 없어지면 자유 시간이 얼마나 많아지는지 모른다. 나에게도 자나 깨나 돈 걱정에 매달려야 했던 때가 있었다. 지인도 모

자라 지인의 형제에게 돈을 빌렸던 상황이라 늘 초조했다. 이렇듯 채권자들에게 꼼짝없이 매여 있는 상황에서는 돈이 당신의 생각을 지배한다.

## 소득을 결정하는 보상의 법칙의 3요소

1. 종사하는 일의 필요성
2. 일을 해내는 능력
3. 대체 불가능성

그 과정에서 채권자들이 전화를 걸어와 빌린 돈에 대해 물을 것이다. 그러니 시간에서 자유로워지고 싶다면 돈과 얽힌 상황을 깨끗이 정리하라.

돈 걱정을 할 일이 없어지면 놀라울 만큼 시간이 자유로워진다. 현재 나는 시간의 대부분을 몇백만 달러를 벌 방법에 관하여 재기 넘치는 사람들과 자유로운 토론을 나누며 보낸다. 우리는 토론을 벌이며 우리의 이상으로 관심을 돌린다. 1,000만 달러를 벌고 싶다면 1,000만 달러에 상응하는 가치를 제공해야 한다. 어떻게 하면 그 정도의 서비스를 제공할 수 있을까? 물론 서비스를 한 사람에게만 제공할 필요는 없다. 기회는 어디에나 있으니까.

이 장의 처음에 소개한 인용문에서 나폴레온 힐은 돈이란 강과 같다고 말했다. 맞는 말이다. 한쪽은 계속 앞으로 나아가 부와 번영이 있는 곳으로 흐르고 다른 쪽은 그 반대 방향인 가난으로, 결핍과 한계로 흐른다. 따라서 큰돈을 추구하려는 방향으로 습관을 들여라.

돈을 버는 전략으로는 M1, M2, M3가 있다. 이들 전략을 활용할 수 있는 영역은 무수히 많지만, 돈을 버는 전략은 그 세 가지뿐이다. 어린 시절, 나는 자라면서 실질적으로 돈을 버는 법에 대해 아무것도 배운 적이 없다. 이는 학창 시절에도, 학교를 떠나 직장 생활을 할 때도 마찬가지였다. 그렇기에 나는 돈 버는 방법에 무지해 늘 시시한 전략인 M1으로 일했다. 그러다 M3 전략을 우연히 쓰게 되었을 때, 어떻게 된 영문인지 모르는 채 수입이 배로 늘어나기 시작했다.

## 돈을 버는 세 가지 전략

1. **M1: 자신의 시간을 돈과 맞바꾸기**(96%의 사람들이 사용하는 전략)
2. **M2: 자신의 돈을 투자해 돈을 벌기**(3%의 사람들이 사용하는 전략)
3. **M3: 다수의 소득원을 두고, 남들의 노력을 통해 수입을 배로 불리기**(1%의 사람들이 사용하는 전략)

M1은 무려 96%로, 대다수 사람이 사용하는 전략이지만 그리 좋은 방법은 아니다. 이 전략은 자신의 시간을 돈과 맞바꾸는 방식이다. 이

에 당신의 시간당 소득이 얼마인지를 떠나서 시간당으로 일하는 것은 잘못된 방법이다. 시간 단위가 아닌 일의 단위로 받는 것이 옳다.

M2는 뛰어난 전략이지만 겨우 3%의 사람들만 따른다. 수치상으로 활용하는 사람이 100명당 3명꼴밖에 안 된다는 얘기인데, 그럴 만도 하다. 돈을 투자하여 돈을 버는 방식이기 때문이다. 따라서 대다수 사람에게는 투자할 여윳돈이 없으니 당연히 겨우 3%만 뛰어들 수 있지 않겠는가.

한편 M3는 활용하는 사람이 단 1%이다. 내가 한참 전인 1960년대에 우연히 쓰게 된 방식이다. 그때 나는 어떻게 된 일인지 전혀 몰랐다. 어쨌든 나는 정규 교육도, 사업 경험도 없었지만 1년 만에 연 4,000달러였던 수입이 월 14,500달러로 뛰었다. 월 14,500달러는 연 소득으로 환산하면 대략 175,000달러가 되는 돈이다. 연 소득이 4,000달러에서 175,000달러가 되었으니 그야말로 대반전이었다.

나는 그렇게 많은 돈을 벌며 대반전을 이룬 원인을 여러 해가 지나서야 깨달았다. 당시에는 돈을 많이 벌려면 정말 똑똑해야 한다고 알고 있었지만, 사실 나는 그다지 똑똑한 사람이 아니다. 그럼에도 대반전을 이룬 것이다. 그저 강의 흐름만 올바르게 타면 된다. 그러면 남들의 노력과 다수의 수입원을 통해 당신의 시간을 몇 배로 늘리게 된다.

이상의 개념은 누구든 활용할 수 있다. 수입원에 따라 비중이 천차만별일 수 있으니 모든 수입원의 비중이 균등해야 할 필요도 없다. 여기에서 핵심적인 것은 당신이 하고 있는 일의 능률을 꾸준히 향상시키는 것이다.

# 결말의 관점에서 미래를 현실화하라

다시 워틀스의 글을 이어서 살펴보자.

마지막으로 한 가지 덧붙여 말하자면, 당신 주위에 가득한 무형의
물질이 부를 만들어 낸다고 해서 부가 저절로 형태를 갖추어 눈앞에
바로 나타날 수 있는 것은 아니다.

예를 들어 재봉틀을 갖고 싶다면 그저 생각하는 물질에 재봉틀에
대한 생각을 각인시킨다고 해서 당신이 앉아 있는 방이나 다른 공간

에 재봉틀이 저절로 생겨나지 않는다. 재봉틀을 갖고 싶다면 마음속으로 이미지를 계속 품고 있으면서 재봉틀이 만들어지고 있다거나, 당신에게 오는 중이라는 절대적인 확신을 가져야 한다. 일단 그런 생각을 형성한 뒤에는 재봉틀이 오고 있다는 것을 한 치의 의심도 없이 절대적으로 믿어야 한다. 반드시 올 것이라는 확신 외에는 어떤 생각도, 말도 하지 말아라. 재봉틀이 이미 당신 것이라고 여겨라.

짧게 말해 당신이 마음속에 요구하는 대상의 이미지를 그려야 한다는 얘기다. 그것도 아주 확실하게 그려낸 이미지를 워틀스가 말한 '생각하는 물질'에 각인시켜야 한다. 그러면 당신이 심은 이미지는 그대로 당신에게 오게 된다. 당신이 심은 이미지가 당신의 진동을 통제하고, 진동에 따라 당신이 끌어당기는 대상이 결정되기 때문이다.

위와 관련하여 나폴레온 힐은 "상상력은 세상에 알려진, 가장 경이롭고 기적적이며 상상할 수 없을 만큼 막강한 힘이다."라고 말했다. 한편 마인드 컨트롤 분야에서 또 한 명의 위대한 멘토인 네빌 고다드(Neville Goddard)는 저서 《인식의 힘과 깨어난 상상력(The Power of Awareness and Awakened Imagination)》에서 상상에 대하여 다음과 같이 쓴 바 있다.

열망이 실현된 상태의 자신을 상상해야 한다. 이는 단순한 공상이 아니라 당신이 직접 경험하면서 증명할 수 있는 진실이다.

소망이 이루어진 상태로 들어가라. 이를 '**결말의 관점에서 생각하기**'라고 한다. 네빌이 말한 바와 같이 상상을 결말의 관점에서 생각하면 굉장히 현실적이다. 대상을 우리의 한계 밖에 있는 것처럼 여기며, 우리에게 없는 것으로 생각하지 말라. 이미 가지고 있는 상태라는 관점에서 생각하면 현실이 된다. 네빌의 말처럼 결말의 관점에서 생각하는 확고한 상상이 모든 기적의 시작이며, 지혜롭고 의식적으로 환경을 창조하려면 상상 속에서 미래를 현재로 만들어야 한다.

우리는 환경을 만들어 가는 중이다. 따라서 우리는 조성하려는 환경의 관점에서 생각해야 한다. 그러면 우리의 상상 속에서 미래는 현실이 된다. 여기에서 초점은 미래의 현실화에 이르는 방법을 알아내려는 것이 아니다. 바로 현실이 된 미래를 경험하는 것이다. 네빌의 말을 상기해 보자.

우리는 이상을 현실로 전환해야 한다. 그러려면 결말을 생각하지 말고 '결말의 관점'에서 생각해야 한다. 상상을 통해 특정한 상태에 집중하고, 그 상태의 관점에서 세상을 바라봐야 한다. 결말의 관점에서 생각한다는 것은 소망이 이루어진 세상을 강하게 인식하는 것이다. 소망이 이루어진 상태의 관점에서 생각하는 것이 바로 창조적인 삶이다.

결말의 관점에서 생각하는 능력을 무시한다면 그것은 곧 속박이다. 인간이 얽매이는 모든 속박의 뿌리가 바로 무시이다. 감각이 내미는 증거, 다시 말해 우리가 활용할 수 있는 모든 비물리적 세계를 무시한 채 물리적 세계에서 눈에 보이는 것들에 수동적으로 굴복한다면 내면의 자신이 지닌 능력을 경시하는 셈이다. 하지만 '결말의 관점에서 생각하기'를 자신과 함께할 창의적인 원칙으로 받아들이면 목표에 대해 생각하는 것만으로 그 목표를 이루려 애쓰길 거듭하는 어리석음에서 자신을 구원할 수 있다.

> "결말의 관점에서 생각하는 확고한 상상이 모든 기적의 시작이다."
>
> 네빌 고다드

상상력을 펼칠 때, 우리의 목표는 외부의 대상을 생각하는 것이 아니다. 바로 그 대상을 진짜인 것처럼 느끼는 것이다. 우리의 존재가 정신세계에 살고 있다고 가정해 보자. 우리는 물질세계 속에서 물리적 경험을 하며 살아간다.

한편 우리에게는 우리를 정신적, 비물리적인 세계로 다가가게 해주는 지성이 있다. 이 세상에는 여러 생각이 있으며, 여기에서 생각과 정신은 동의어 관계이다. 우리는 비물리적 세계를 활용하여 원하는 대로 생각을 선택할 수 있다. 뭐든 자신이 원하는 대상을 골라 생각하고, 그 생각을 마음속에 품는다.

얼 나이팅게일의 말처럼 위대한 꿈을 품은 사람 외에는 아무도 보지 못하는 역동적인 파도가 인류의 모든 위대한 진보를 일으킨다. 당신의 마음속에는 크고 멋진 꿈이 있다. 그러니 그 꿈을 목표로 삼아라. 그렇다면 어떻게 시작해야 할까? 바로 상상이 그 출발점이다. 환상의 세계로 들어가 그 속에서 당신이 바라는 일과 일어날 수 있는 일을 꿈꾸어라.

이쯤에서 당신은 이제 스스로 원하는 것에 주목하게 되었을 테지만, 이는 아직 이론에 불과하다. 이론을 목표로 바꾸어야 하며, 이를 위해서는 스스로에게 '나에게 그럴 능력이 있을까?', '나에게 그럴 의지가 있을까?'라는 두 가지 질문을 던져야 한다.

첫 번째 질문의 경우 지금까지 살펴본 모든 내용이 확실하게 알려주는바, 당신에게는 그럴 능력이 있다. 당신에게 일을 실현할 능력이 없다면 애초에 그 일에 관심이 끌리지도, 하고 싶은 마음이 들지도 않았을 것이다. 이러한 진실을 이해하고, 당신이 어떤 사람이며, 당신 안에 얼마나 무한한 잠재성이 있는지에 대한 인식을 꾸준히 높일 수 있다면 이 질문에 선뜻 답할 수 있다. "그래, 나에게는 그럴 능력이 있어."라고 말이다.

그렇다면 이제 '나에게 그럴 의지가 있을까?'라는 질문에 답해 보자. 당신은 목표를 이루기 위해 필요한 일을 할 마음이 있을까?

여기에서는 '비저니어링*(Visioneering, 비전과 엔지니어링의 합성어로, 꿈을 현실로 만들기 위한 전략과 과정)'이라는 방법을 활용하여 잠재의식의 차원에 당신을 가둠으로써 원하는 생각에서 빠져나오지 못하게 할 수 있다. 이를 통해 패러다임을 바꾸고, 생각을 목표와 연결하면 당신의 삶에 놀라운 일을 일으킬 수 있다.

비저니어링은 고차원적 능력을 적절하게 활용함으로써 비로소 당신의 세계를 창조하기 시작하는 단계이다. 당신이 원하는 목표의 이미지를 그려 마음속에 붙들어 두어라.

당신의 마음은 당신의 인격 가운데 고차원적 측면에 속하며, 당신을 구성하는 것 가운데 압도적으로 큰 비중을 차지한다. 육체적 존재는 당신이라는 사람의 극히 일부일 뿐이다.

　마음은 의식과 잠재의식으로 나뉜다. 의식은 생각을 일으키는 것에 멈추지 않고 생각을 수용하거나 거부할 수 있다. 잠재의식은 의식과 판이하게 현실과 상상을 구별하지 못한다. 그저 당신이 전해 주는 대로 무조건 받아들여야 한다. 당신은 이러한 잠재의식에 무엇을 건넬 것인가?

　또한 의식은 지성이기도 하다. 따라서 우리의 고차원적 능력이 깃들어 있는 곳이다. 우리는 이들 능력을 활용해야 한다. 관점, 의지, 이성, 상상력, 직관, 기억력 같은 능력을 활용하여 패러다임을 바꾸고 새로운 패러다임을 만들어야 한다.

　비저니어링에서는 두 가지에 집중한다. 바로 상상력과 의지이다. 이들 능력으로 비물리적 세계를 활용하여 이미지를 창조하면 패러다임과 함께 진동도 바뀐다. 패러다임은 우리의 진동 상태를 결정한다. 끌어당김의 법칙을 조정함으로써 우리의 진동과 일치하는 것을 끌어당긴다. 패러다임은 이처럼 막강한 도구이다.

"상상력과 의지, 이들 능력으로 비물리적 세계를 활용하여 이미지를 창조하면 패러다임과 함께 진동도 바뀐다."

샌디 갤러거

위에서 제시한 방법을 매일 연습하라. 눈뜨자마자 처음 하는 일이 자 밤에 잠들기 전 마지막으로 하는 일로 삼아라. 나는 그 방법을 하루 종일 수시로 실천한다. 정말 능숙해지면 단 1분만 하더라도 효과가 있다. 스위치를 켠 것처럼 진동의 변화가 느껴지면서 스스로 잘 해내고 있음을 알게 된다.

먼저 우리의 감각을 차단하자. 그러면 당신의 소망이 일어날 것이다. 당신이 바라는 일을 마음속의 화면에 그려라. 야심에 찬 멋진 이미지를 그리며, 소망이 타오르는 열망이 되도록 상상의 나래를 펼쳐라. 남들이 뭐라고 생각하든, 당신의 패러다임이 뭐라고 생각하든 상관하지 말라. 패러다임이 이게 무슨 미친 짓이냐고 참견해도 신경 쓸 것 없다.

주느비에브 베런드(Genevieve Behrend)의 말처럼 "의식적으로 열망을 그려 나가며 그 이미지를 차근차근 짚어 보라.(Train yourself in the practice deliberately picturing your desire, and carefully examine the picture)" 그리고 스스로 '당신이 소망하는 일의 이미지가 정말로 확실하게 잡혀 있는가?', '마음속 화면에 멋진 이미지가 그려져 있는가?', '이미지를 짚어보며 당신에게 중요한 요소가 빠짐없이 들어가 있는지 확인해 봤는가?'라는 질문을 던져라.

그렇게 이미지를 잠재의식으로 넘기다 보면 감정이 차츰 이입된다. 그러나 이러한 과정이 마음속에서 확실하게 이루어지지 않는다면, 현실에서의 실현도 요원해질 것이다.

위의 방법을 실천하다 보면 어느새 당신의 생각과 열망이 예전보다 질서 있게 진행되고 있다는 느낌이 들 것이다. 이제 당신은 법칙에 따라 앞으로 나아가고 있는 것이다. 당신이 열망하는 선을 향해 나아가고 있고 그 선도 당신을 향해 다가오고 있다. 당신이 선을 끌어당기면서 행동에 나서고 있는 것이다.

그 방법을 거치면 당신은 생각과 열망의 조화를 찾게 된다. 의식, 잠재의식과 몸 또한 마찬가지이다. 이들 조화를 통해 당신은 스스로가 열망하는 선과 완전히 일치하도록 패러다임을 바꾸게 된다.

질서가 잡힌 정신 상태에 이르면 조급해질 일이 없어진다. 조급함은 곧 두려움이자 해로운 것이다. 이와 같이 질서 정연한 상태에 이르면 마음속에 원하는 일에 대한 이미지가 명확해지면서 패러다임도 바뀐다. 이로써 스스로의 확장을 누리며 더 즐겁고 멋진 삶을 살게 될 것이다.

단 그 상태에 이르기 전까지는 질서가 그리 완벽하지 않은 단계를 거치게 된다. 다시 말해 당신의 의식과 잠재의식에 담긴 것 사이에 차이가 생기는 단계가 온다. 하지만 당신의 믿음이 현재 상태와 일치하는 순간 혼연일체가 일어나며 더 높은 주파수에 머물게 된다. 그러면 전혀 다른 수준의 생각을 끌어당기고, 의식이 한층 높아진다. 네빌의 표현을 빌리자면 의식 상태가 당신이 세상을 바라보는 집이 되고 당신의 작업실이 되어, 잘 지켜보면 외부의 현실이 당신의 상상에 따라 형태를 갖추어 가는 것이 보일 것이다.

잠재의식은 당신이 전해 주는 바를 그대로 받아들여 행동으로 옮긴다. 아무것도 바꾸지 않으면서 흙처럼 당신이 심은 대로 자랄 뿐이다. 이와 관련하여 워틀스의 다음 글을 살펴보자.

한순간도 잊으면 안 된다. 생각하는 물질은 만물에 깃들어 있어서 만물과 소통하며 만물에 영향을 미칠 수 있다. 더 충만하고 더 나은 삶을 살고 싶어 하는, 생각하는 물질의 열망이 이미 만들어져 있는 그 모든 재봉틀을 만들어 냈다. 인간이 열망과 믿음에 따라 특정한 방식으로 행동하여 생각하는 물질의 열망을 작동시킬 때마다 앞으로 수백만 개의 재봉틀이 더 만들어질 수도 있다.

당신은 틀림없이 재봉틀을 손에 넣을 수 있다. 당신이 원하면 당신은 물론 타인의 삶까지 나아지게 할 수 있는 유용한 물건을 틀림없이 손에 넣을 수 있다. 따라서 너무 무리한 요구는 아닐까 주저할 필요는 없다.

근원 물질은 내면에서 가능한 모든 것을 누리고 싶어 한다. 따라서 당신의 풍요로운 삶에 필요한 것을 모두 갖길 바란다.

제6장

# 어려움 속에서도
# 확신을 잃지 말라

# 당신에게 한계란 없다

이번 장에서는 누구나 배워야 하지만 아무도 알지 못하는 의지의 활용 방법을 알려 주고자 한다. 의지를 적절하게 활용하는 것이 곧 패러다임을 바꾸는 방법이기 때문이다. 이에 대해 워틀스는 다음과 같이 말했다.

무엇을 생각하고, 어떤 일을 해야 할까를 알고 **나면 깨달음이 주**는 올바른 생각과 행동을 당신의 의지로 실천해야 한다. **즉 올바른**

경로에서 벗어나지 않기 위해 의지를 발휘해야 한다. 이는 원하는 것을 얻기 위해 의지를 제대로 활용하는 방법이니, 특정한 방식으로 생각하고 행동하도록 자신을 다잡는 데 의지를 발휘하라.

한쪽에 무지가 있고, 다른 쪽에 앎이 있다고 가정해 보자. 바로 지금 당신의 의식으로 힘이 흘러들고, 당신은 그 힘으로 당신이 원하는 것을 뭐든 만들 수 있다. 그리고 당신에게는 원하는 것이라면 모두 생각할 수 있는 능력이 있다.

당신은 지금 재정 상태를 살펴보는 중이며, 그날은 어느 달의 15번째 날이라고 가정해 보자. 당신은 월말까지 5,000달러를 마련해야 한다. 그런데 그만한 돈을 어디에서 얻어야 할지 막막하다. 은행에 저축한 돈도 거의 바닥이다. 이러한 상황이라면 무슨 생각을 해야 할까? 당신이라면 어떤 생각을 하겠는가?

지금 당신에게는 힘이 흘러들어 오고 있다. 당신은 원하는 것을 모두 생각할 수 있다. 그런데 실제로 대다수는 부정적인 생각을 한다. 열심히 일하며 입으로는 "내가 가진 모든 힘을 쏟아붓자."라고 말하면서도 속으로는 정말 그렇게 할 수 있을지 걱정하며 자신의 능력을 의심한다. 그렇게 당신은 두려움을 부추기는 생각에 감정적으로 이입된다.

그러면 어떤 상황이 벌어질까? 당신에게 흘러온 힘으로 원하는 것을 뭐든 만들 수 있음에도 부정적인 개념을 만드는 데 소진해 버린다. 스스로 원치 않는 것을 보며 감정을 이입하게 된 것이다. 에너지가 유입되었음에도 이미지를 만들어 마음의 화면에 각인시키는 과정에서 두려움이 일어나는 결과를 이끌어 낸 것이다.

각인된 것은 반드시 표출되어야 하므로 사람들은 두려움을 불안으로 표출한다. 불안을 느끼고 있다면 두려움의 문제를 내포하고 있다는 얘기다. 하지만 문제는 여기에서 끝나지 않는다. 우리는 표출을 억제하는 경향 탓에 불안이 커지며 탈이 나기도 한다. 그렇게 마음속에 불안을 꼭꼭 담아 두고 있다가 엉망진창이 되어 버리기도 한다.

사람들은 우리의 몸이 섬세하고 민감한 도구와 같다는 사실을 잘 모른다. 당신이 에너지를 억누르면 에너지는 우울이 된다. '이런 끔찍한 세상에서 어떻게 살지?'라는 생각과 같이 말이다. 우울은 그 자체로 변할 수 있는 유일한 것, 즉 병이 된다. 몸이 점점 무너져 일종의 **지연 자살**이 일어난다. 죽는 게 아니라 자신을 스스로 죽이는 셈이다.

그렇다면 해결해야 할 문제점으로 다시 돌아가 보자. 계좌에 잔액은 없고 당장 5,000만 달러가 필요한데, 돈을 구할 방법도 막막하다. 그렇게 당신은 결국 '내가 어쩌다 이 지경까지 왔을까? 정말 모르겠어.'라는 생각에 이른다. 당신은 문제의 원인이 돈이 부족한 탓이라고 하지만, 사실은 전혀 그렇지 않다. 돈이 부족한 것은 원인의 증상일 뿐, 진짜 원인은 **무지**이다. 당신도 이에 수긍하는가?

당신은 원하는 것을 모두 생각해 낼 수 있음에도 왜 굳이 불안을 일으키려 하는가? 당신이 아무리 무지해도 무지가 당신의 사정까지 고려하지 않는다는 사실만큼은 잘 알 것이다. 누군가 몰라서 실패했다고 하소연해도 냉정하게 말하면 결과적으로 실패한 것이지 않은가.

실패란 참으로 안타까운 일이다. 그러나 세상에 실패하고 싶어서 실패하는 사람이 어디 있겠는가. 결과적으로 우리는 그렇게 될 줄 몰라서 실패하는 셈이다.

그런가 하면 손이 미끄러진 탓에 7층 건물의 발코니 밖으로 새로 산 스마트폰을 떨어트렸을 때, "신도 무심하시지, 어떻게 그런 일이 일어날 수 있어?"라고 탄식할 수도 있다. 그러나 그 일은 당신이 발코니에서 스마트폰을 사용했기 때문에 벌어진 일이었고, 결과적으로 그 상황에 소홀한 소유주의 잘못이다. 이처럼 그런 일이 일어날 줄 몰랐다고 항변하더라도 무지는 우리의 사정을 헤아리지 않는다.

위의 이야기는 우리가 의지를 활용하고 있음에도 이를 적절하지 않은 방향으로 이용하고 있음을 보여 준다. 즉 사람들이 의지를 활용할 줄 모르는 것이다. 물론 의지를 사용하고는 있지만, 몸에 탈이 날 지경까지 문제점에 집중하는 쪽으로 잘못 사용하고 있다.

이제부터는 깨달음을 얻기보다 긍정적으로 생각하자. 맹목적 믿음은 있으나 마나 한 것이다. 무지에 따른 믿음은 무용지물이며, 마음속에 쓸데없는 헛소리만 심을 뿐이다. 하지만 깨달음에 바탕을 둔 믿음은 곧 자유에 이르는 열쇠다.

그리고 온 우주가 법칙에 따라 작동한다는 사실을 깨닫자. 물리적 단계에서 비롯된 것은 모두 비물리적 단계에서 왔음을 깨닫자. 결핍과 한계는 우리가 만들어 낸 것이다. 우리가 자초한 것이다.

또한 그 반대편에는 뭐가 있을지 생각하며 양극성의 법칙을 깨닫고, 창조하는 방법을 알아내자. 이와 함께 우리가 선택 능력을 갖춘 창조적 존재임을 깨닫자. 하지만 깨달음을 키울 유일한 방법은 공부

뿐이다. 다른 방법은 없다.

터무니없는 얘기처럼 들리겠지만, 계좌 잔액이 바닥난 상태여도 마음속에 5,000달러 이상의 돈이 생길 거라는 이미지를 품고 있으면 돈이 생길 것이다. 돈이 어디에서 오는지는 나도 모르지만 올 것이라는 사실은 안다. 그러니 걱정하지 말라. 돈이 안 생길 거라는 생각조차 하지 말라. 당신이 원하는 대상의 이미지를 붙잡아 두고 이를 꼿꼿이 지키면서 당신의 마음에 각인시켜라.

"물리적 단계에서 비롯된 것은 모두 비물리적 단계에서 왔음을 깨닫자. 결핍과 한계는 우리가 만들어 낸 것이다. 우리가 자초한 것이다."

밥 프록터

# 선택과 집중은 확신의 거름이다

당신에게는 믿음이 있다. 믿음은 보이지 않는 것을 보고, 믿기 힘든 것을 믿을 수 있는 능력이다. 믿음이 있으면 사람들이 대부분 불가능하다고 말하는 것도 받아들일 수 있다. 믿음의 표출은 불안이 아닌 안정감이다. 안정감은 억눌리지 않고 표출된다. 당신의 마음이 편한 상태이기 때문에 오히려 드러내려는 것이다. 즉 깨우침에 따라 당신이 원하는 선을 만들며, 그것이 이루어질 것을 알기에 마음이 편한 것이다.

또한 당신에게는 선택권이 있다. 우리는 통제 요소가 없는 길을 선택할 수 있다. 대다수는 이러한 방식으로 살아가며 자신을 전혀 통제하지 않는다. 당신은 이와 다른 길을 선택할 수 있고, 자신을 통제할 수 있다.

원하는 것을 요구하고 기대하면 우리가 지구에 발을 딛고 서 있는 것만큼이나 확실하게 이루어질 것이다. 창조가 바로 이렇게 실현됨을 깨달아야 한다. 아주 기본적인 진실인데도 제대로 인정받지 못하고 있는 이 원칙에 제대로 눈뜨게 되면 삶의 모든 것이 바뀐다.

믿음은 매우 중요하니 당신의 생각을 지켜야 한다. 믿음은 당신이 주목하고 생각하는 것에 큰 영향을 받는다. 따라서 당신이 원하는 것에 주의를 집중해야 한다. 여기에서 집중이 중요하다. 집중이 있는 곳에 에너지가 흐르니 에너지의 흐름을 통제하라.

또한 사람들은 대부분 일정한 기준 없이 오락가락하며 산다. 때로는 통제가 있는 듯 없는 듯 행동하기도 한다. 그러나 나는 당신이 그렇게 살 필요가 없다고 말해 주고 싶다. 나도 가끔 그렇게 살기도 하지만, 그것도 잠깐이다. 진동을 느낌과 동시에 자신을 다잡기 때문이다. 나는 스스로 어떤 행동을 하는지 의식하며 마음이 긍정적인 상태로 되돌아온다.

"원하는 것을 요구하고 기대하면 우리가 지구에 발을 딛고 서 있는 것만큼이나 확실하게 이루어질 것이다."

밥 프록터

제7장

# 긍정적 사고로
# 가능성을 확장하라

# 이미 일어난 일에 갇히지 말라

워틀스는 《부의 과학》 제7장에서 '감사하기'를 별도의 주제로 다루며, 그에 대해 다음과 같이 서술한 바 있다.

부자가 되기 위한 첫걸음은 무형의 물질에 당신이 원하는 것에 대한 생각을 전하는 것이다. 이는 분명한 사실이다. 앞으로 차차 이해하게 되겠지만, 생각을 전하기 위해서는 무형의 지성과 조화로운 관계를 맺어야 한다.

조화로운 관계는 기본적이고도 극히 중요한 문제이기 때문에 이번 장에서 별도의 주제로 다루며 지침을 알려 주려 한다. 이 지침을 잘 따른다면 틀림없이 완전한 합일을 이루게 될 것이다. 마음을 가다듬고 속죄하는 모든 과정을 한 단어로 요약하면 바로 '감사하기'라고 말할 수 있다.

위와 같이 워틀스는 **감사**를 이야기하며 마음을 다스리는 문제를 강조하고 있다. 우리가 좌절에 빠지고 우울해지면서 낮은 진동 상태에 있는 느낌이 드는 이유는 늘 우리의 마음속에서 벌어지고 있는 일 때문이다. 따라서 마음을 가다듬어야 한다. 그러면 우리가 열망하던 조화를 이루며 화나거나 짜증스럽게 느껴지는 일에 더는 신경 쓰지 않게 된다.

감사를 표하는 일은 **속죄**와도 관련이 있다. 속죄란 용서하고 놓아주는 것이다. 우리가 속죄하는 이유는 우리가 열망하는 선과의 연결, 즉 선과 조화를 이루고 싶어 하기 때문이다.

워틀스에 따르면 감사하기에는 **세 단계**가 있다. 첫째, 모든 것을 만들어 내는 지적인 근원 물질이 있다고 믿는다. 둘째, 근원 물질이 당신이 열망하는 것을 모두 가져다준다고 믿는다. 셋째, 마음 깊이 진심으로 감사함을 느끼면서 근원 물질에 연결시킨다.

감사하기는 감정적인 일이지만 지극히 정신적인 일이기도 하다. 우리에게 오는 모든 선의 근원에 자신을 연결하면서 경건한 마음으로 자신의 온 세포에 사무치도록 감사함을 느끼는 일이자 진동을 바꾸는 일이기도 하다. 워틀스는 이어서 다음과 같이 말한다.

삶의 다른 측면에서는 자신을 바르게 가다듬으며 잘 살면서도 감사하는 마음이 부족해 가난을 면치 못하는 사람들이 많다. 선물 하나를 받아도 감사하지 못하며 선하게 살아가지 않기도 한다.

부의 근원에서 가까운 곳에 살수록 많은 부를 받게 된다는 점은 당연한 얘기이다. 늘 감사하며 사는 사람이 그렇지 않은 마음으로 살아온 사람보다 부와 더 가까이 연결되어 있다는 점도 마찬가지다.

좋은 일이 생길 때 감사의 마음을 크게 표할수록 호재는 더 많이, 더 빨리 다가온다. 그 이유는 간단하다. 감사할 줄 아는 마음가짐이 축복의 근원에 가까워지도록 마음을 끌어당기기 때문이다.

감사하는 마음이 우리의 마음을 우주의 창조적 에너지와 돈독한 조화를 이루게 해 준다는 얘기가 이상하게 들리는가? 하지만 곰곰이 생각해 보면 수긍할 수 있을 것이다. 당신이 지금 누리고 있는 좋은 것들은 특정한 법칙에 따라 당신에게 온 것이다. 감사하는 마음은 좋은 것들이 당신에게 찾아오는 방식에 따르도록 마음을 이끌 뿐 아니라 당신이 창조적 사고와의 조화를 돈독하게 지속하면서 경쟁적 사고에 빠지지 않게 막아 주기도 한다.

감사하는 마음은 단순히 당신뿐 아니라 당신과 만나게 될 모든 이들을 위한 선에 집중하게 한다. 당신이 창조적 단계에 있을 때, 당신은 모든 사람에게 성장했다는 인상을 남기고 싶어 한다. 이는 우리의 정신이 성장을 요구하기 때문이다. 본질적으로 우리의 정신적 존재가 충만한 표출과 확장을 원하는 데에서 비롯되는 것이다. 이와 같은 중요한 진실을 깨달으면 삶의 모든 것이 바뀌면서 선이 풍요롭게 넘치기 시작한다.

우리는 스스로 무형의 지성과 연결함으로써 우리가 열망하는 선과 조화를 이룬다. 이를 통해 우리의 진동이 바뀌면 진정으로 감사함을 느끼게 된다.

그러니 지금부터 감사하는 연습을 하자. 기초를 다지기 위해 몇 가지만 중점적으로 선별하여 알려 주겠다. 우선 자신에게 다음과 같은 질문을 던져 보라.

1. 당신은 자신과 마주친다면 반길 수 있는가?
2. 사람들에게 성장의 인상을 남기고 있는가?
3. 창의적인 마음가짐을 유지하고 있는가?
4. 당신의 장점을 공유하고 있는가, 아니면 부정적인 면에 집중하는가?

마음에 들지 않는 답이 나왔더라도 낙담하지 말자. 그저 당신도 변화할 수 있음을 깨닫는 기회로 삼으며, 모든 사람에게 성장의 인상을 남길 수 있는 목표를 세우면 된다. 이에 "나는 일어난 상황대로 되는 사람이 아니다. 나는 바로 내가 되기로 마음먹은 사람이다."라고 말한 바 있다. 그러니 이미 일어난 상황에 갇혀 있지 말라. 과거에 매달리지 말고 앞으로의 일을 생각하라. 그렇게 인식력을 높이다 보면 새로운 당신으로 거듭날 수 있다.

## 월러스 워틀스가 제안하는 감사하기의 3단계

1. 지적 물질이 존재한다고 믿는다.

2. 당신이 열망하는 것을 지적 물질이 가져다준다고 믿는다.

3. 마음 깊이 진심을 다하며 감사한 마음으로 자신을 지적 물질과
   연결한다.

# 긍정의 마음이 성장하는 삶을 만든다

당신의 발목을 붙잡고 있는 것은 있는 그대로의 당신이 아니라, 당신이 부정하는 자신의 모습이다. 전자는 아주 훌륭한 존재이지만, 후자는 진실을 보지 못하도록 방해하는 패러다임이다. 이제는 낡은 프로그램에서 해방되자.

주의 깊게 찬찬히 생각해 보자. 당신의 삶에는 어떤 일이 일어나고 있으며, 인간관계와 습관, 그리고 일은 어떤가? 당신에게 도움이 되지 않거나, 당신의 성장이나 행복에 보탬이 되지 않는 것에서 모두 벗어날 만큼 자신을 충분히 존중해야 한다. 당신은 그래야 할 의무가 있다.

환상의 가면을 벗고, 기대라는 족쇄에서 벗어나 몸에 밴 패턴을 털어내어 지나간 일들은 잊고 두려움을 그만 놓아주어라. 진정한 당신으로 거듭나기에 늦은 때는 없다. 그저 물려받은 대로의 믿음인 패러다임은 실상 당신을 옭아매기만 할 뿐이다. 이처럼 당신은 지나친 환상에 불과한 믿음에 붙들릴 필요가 없다.

한편 기대의 족쇄는 어떠한가? 남들의 기대에 떠밀려 행동하는 경우가 얼마나 자주 있는가? 이제는 족쇄를 풀고 두려움은 내려놓은 채이전의 패턴에서 벗어나 자신을 새롭게 바꾸어 나가라.

우리의 내면세계에는 경이로움이 존재한다. 바로 지금 당신의 내면에도 이와 같은 세계가 펼쳐지고 있다는 생각을 붙잡아 두자. 이를 깨달았을 때, 자연에서 가능한 일이라면 당신이 내면에서 열망하는 것을 모두 실행하고 성취할 수 있다.

바로 지금도 멋진 에너지가 당신을 향해 흘러오고, 당신을 거쳐 나가면서 당신이 어떠한 열망이든 실천하도록 하고 있다. 그러니 당신을 구속하는 생각과 패러다임을 그만 내려놓아라. 대신 멋진 에너지를 많이 끌어들여 당신의 삶을 풍요롭고 아름답게 만들어라.

당신의 모든 가능성이 바로 지금 여기에 펼쳐져 있다. 우리는 의식적으로 지적 물질에 연결되어 있어야 한다. 그러면 모든 힘의 근원이자 창조자인 존재를 의식하며 우리가 얼마나 많은 은혜에 둘러싸여 있는지를 깨닫고 받아들이게 된다. 바로 이것이 감사의 마음이다. 감사의 마음은 우리가 의식적으로 지적 물질에 연결되어 있도록 다잡아 준다. 이는 워틀스가 마음을 가다듬고 속죄하는 모든 과정을 '감사하기'라는 한 단어로 압축하였다는 말과 같다. 참으로 적절하지 않은가.

> "마음을 가다듬고 속죄하는 모든 과정을 한 단어로 요약하면 바로 '감사하기'라고 말할 수 있다."
>
> 월러스 워틀스

불안감이 엄습하거나, 문제가 생기거나 또는 일이 당신 뜻대로 되지 않을 때마다 이들 문제를 당신의 마음속에서 벌어지는 상황으로 받아들여라. 마음을 가다듬고, 차분히 앉아서 진심으로 감사하는 마음을 느끼면 문제는 사라진다. 감사하기는 꽤 효과적인데, 그 실천은 다음과 같이 3단계로 이루어진다.

첫째, 감사할 만한 일을 10가지 적는다. 이때야말로 감정을 바꾸기 위해 자기 절제를 제대로 실행해야 할 순간이다. 무엇을 적더라도 진실한 감사의 마음을 온 세포에 사무치도록 느껴야 한다.

당신의 느낌이 원활하게 전환될 수 있도록 쉬운 것부터 시작하라. 그러면 당신의 정신적 본질에 연결되어 지극한 감사의 마음을 느끼며 선과 조화를 이루게 된다. 감사할 일을 글로 쓸 때는 이미 당신의 물리적 세계에 존재하는 일을 쓰는 것이 보통이겠지만, 아직 당신의 세계에 물리적으로 실현되지 않은 일을 써도 괜찮다.

'감사하기'의 실천이 효과적인 이유는 주지하다시피 우리의 인격에 세 층위가 있기 때문이다. 우리는 물리적인 신체에 깃들어 사는 정신적 존재이다. 따라서 자신을 더 고차원적으로 활용할 지성도 지니고 있다.

감사의 실천은 자신의 정신적 층위에 감사할 줄 아는 선한 마음의 존재를 깨닫고 있음을 시사한다. 감사하기가 자신이 바라는 선에 대한 결정 이후 상상력을 발휘해 그 선함을 유지하는 것이기 때문이다. 이로써 우리는 이미 두 단계를 거쳐 선을 갖게 되었다. 그러면 이제 법칙에 따라 우리가 선함을 버리지 않는 한, 선은 반드시 우리의 물리적 세계에서 실현된다. 따라서 실제로 감사할 일이 실현되기 전부터 감사해도 좋다. 우리는 법칙에 따라 선이 다가오고 있다는 사실을 이미 알고 있지 않은가.

감사는 우리의 삶에서 실현하고 싶은 일을 모두 이루기 위해 활용하는 대단한 도구이다. 하지만 여기에서 중요한 관건은 실제로 당신의 진동을 바꾸는 것이다. 그러니 감사하는 마음을 느껴라.

둘째, 다음과 같이 5분 동안 말없이 조용히 묵상하며 당신의 마음속에 하루 동안 길잡이가 되어 달라고 청하라.

'나는 지금 마음이 열려 있으니, 네가 이끌어 주는 대로 따를 거야. 네가 하는 말에 귀 기울일게. 나는 인도가 필요하고, 그 인도를 따르며 하루 종일 너에게 연결되어 고차원적인 자아에게 인도를 받을 준비가 되어 있어.'

당신이 받는 것이 진짜 인도인지 아닌지 구별하는 방법이 있다. 그것이 인도라면 당신은 알 수 있다. 이는 비유하자면 낚시와 같다. 낚시를 해 본 사람이라면 낚싯바늘이 움직이는 순간 물고기가 걸렸음을 안다. 인도를 받는 순간도 이와 같다.

셋째, 지금 당신을 괴롭게 하는 사람 세 명에게 **사랑을 전해라**. 아무리 생각해도 그러한 사람이 없다면 정말 잘된 일이다. 누군가를 억지로 떠올려 스스로 괴로움을 자초할 필요는 없으니까 말이다. 다만 이 단계에서는 앞에서 제시한 질문도 잊지 않고 답해 보기 바란다. 자신을 마주했을 때 반기지 못하겠다면 당장 자신에게 사랑의 마음을 전하라.

위의 중심 개념은 스스로가 원하는 바를 타인도 진심으로 원하도록 하는 것이다. 이제 당신은 스스로 어떤 존재이고, 타인과 어떻게 연결되어 있으며, 모든 것이 법칙에 따라 질서 정연하게 움직이고 있다는 사실을 이해하고 있다. 그러니 선을 표출하고 사랑의 마음을 전하라.

그 일은 상대방과 관련된 문제는 아니다. 다름 아닌 당신과 관련된 문제이고, 당신의 진동 상태에 따라 달린 문제이다. 당신이 누군가에게 화가 났거나, 누군가 당신을 부당하게 대하고 있다는 생각을 놓지 못하고 있다면 당신이 바라는 선을 펼치지 못하도록 스스로 막고 있는 셈이다. 당신의 진동이 선과 조화를 이루고 있지 않은 것이다.

그러니 **사랑을 표현하고, 용서하고, 놓아주어라**. 관건은 사랑을 느끼면서 당신에게 도움이 되지 않는 것을 모두 내려놓는 것이다. 곧 마음을 가다듬고 속죄하는 것이다.

이상에서 소개한 감사의 3단계 방법은 매우 효과적이다. 따라서 하루도 빠짐없이 매일 적극적으로 실천할 만한 가치가 있다. 반복하면서 익숙해지면 당신을 찾아올 모든 일이 더 좋아질 것이다.

## 샌디 갤러거의 감사하기 실천법 3단계

1. 감사한 일 10가지를 생각해 글로 적는다.
2. 5분 동안 말없이 조용히 묵상하며 당신의 마음속에 하루 동안 길잡이가 되어 달라고 청한다.
3. 지금 당신을 괴롭게 하는 사람 세 명, 또는 자신에게 사랑의 마음을 전한다.

"이로써 우리는 이미 두 단계를 거쳐 선을 갖게 되었다. 그러면 이제 법칙에 따라 우리가 선함을 버리지 않는 한 선이 반드시 우리의 물리적 세계에서 실현된다. 따라서 실제로 감사할 일이 실현되기 전부터 감사해도 좋다. 우리는 법칙에 따라 선이 다가오고 있다는 사실을 이미 알고 있지 않은가."

샌디 갤러거

제8장

## 의지를 다해
## 삶의 변화를 일으켜라

# 단단한 의지를 세워야 하는 이유

외부에서 들어오는 것이든, 상상 속이든 부와 반대되는 이미지에
자꾸 주의를 기울이면 부에 대한 이상을 확실하게 붙잡아 둘 수 없
다.

위의 내용은 워틀스의 책 제10장에서 발췌한 것이다. 이 말에는 중
요한 포인트가 담겨 있다. 지금 우리가 마주한 상황을 한번 살펴보
자. 당신의 몸에는 외부 세계의 정보를 감지하는 5개의 전기적으로

연결된 신호체계, 즉 감각이 있다.

현재 97%에 이르는 사람들이 잘못된 방향을 택하고 있다. 이에 따라 당신의 감각 요소에 주입되는 정보의 90% 이상이 그리 긍정적이지 못하다. 더군다나 내부, 다시 말해 당신의 패러다임에서 벌어지는 일의 대부분도 마찬가지다.

위와 같은 상황에서 자신을 긍정적인 생각에 집중시키는 데 따를 수 있는 시스템을 의식적, 의도적으로 세우지 않으면 심각한 문제에 처하게 된다. **체계를 세우려면 의지를 활용해야 한다.** 이에 워틀스의 글을 이어서 살펴보자.

> 과거에 경제적 어려움을 겪은 적이 있더라도 그러한 문제를 말하지도, 생각하지도 말라. 가난한 부모나 어릴 때의 고생 같은 일은 입 밖으로 꺼내지 말라. 이를 말하면 마음속에서 한동안 자신을 가난한 사람으로 간주하기 때문에 부가 당신에게 오는 것을 방해한다. 가난을 비롯하여 그와 관련된 것은 모조리 떨쳐 버려라.

당신은 **의지**를 발휘해 올바른 것을 생각하고 실행하도록 자신을 내몰아야 한다. 의지를 활용하지 않으면 가야 할 길에서 벗어나 타격을 입는다. 예컨대 어디를 가든 피할 수 없는 라디오, TV, 신문, 우연히 엿듣게 되는 말 등 외부 세계가 우리에게 폭격을 가한다.

앞에서 언급한 바와 같이 온 우주는 에너지로 가득 차 있다. 당신은 물리적 도구와 그 진동이 일치하는 에너지를 끌어당긴다. 당신의 머리에는 뇌라는 전자신호 교환 기지가 있다. 감각의 영향으로 메시지가 신경 통로를 타고 빠르게 지나가 뇌세포 집단을 활성화한다. 그리고 메시지가 세포에 부딪히면서 진동의 진폭을 증가시킨다. 진동의 법칙에 따라 세포도 항상 진동 상태에 있으므로, 이 과정을 통해 당신의 진동 상태가 바뀌기 시작한다.

**"당신의 머리에는 뇌라는 전자신호 교환 기지가 있다."**

문득 나의 할머니가 떠오른다. 정말 다정한 분이셨고, 항상 큼지막한 흔들의자에 앉기를 즐기시던 모습이 지금도 눈에 선하다. 할머니는 라디오 뉴스에서 안 좋은 소식이라도 나오면 눈물을 흘리면서 그 사건에 푹 빠져들었다. 이에 나는 '할머니는 왜 저렇게 속상해하시지? 이 일에 왜 저렇게 관심을 가지실까?'라는 생각이 들었다.

그러나 할머니는 안 좋은 소식에 진심으로 관심을 가졌다. 할머니의 패러다임이 계속 그런 소식에 귀를 기울이게 했던 것이다. 할머니는 워낙 다정한 분이라 그런 일을 당한 사람들을 가엾게 여기셨지만, 냉정하게 말하면 눈물을 흘린다고 도움이 되는 건 아니지 않은가.

이어서 더그 위드(Doug Wead)도 생각난다. 더그는 미국 대통령의 특별 보좌관을 지낸 인물이며, 나의 저서 《위대한 발견(You Were Born Rich)》의 서문을 써 주기도 했다. 그는 좋은 사람이었고 머리도 똑똑했다.

더그는 신학교 재학 시절 때 바다 건너 베트남에 수많은 문제가 이어지면서 굶어 죽는 사람들이 속출하는 것을 보다 못한 나머지 친구

세 명과 합세해 단식 투쟁을 벌인 적이 있었다. 점심시간이 되면 구내식당에서 빈 접시를 탁자 위에 놓고 멍하니 앉아 있었다. 굶어 죽어가는 불쌍한 이들에게 사람들의 관심을 끌기 위한 나름의 노력이었다.

하지만 그는 어느 날 가만히 앉아 있다가 빈 접시가 굶주리는 사람들의 끼니를 해결해 주지 않는다는 생각이 문득 들었다고 한다. 결국 그는 그 사람들에게 실질적으로 도움이 되지 않았다.

위와 같은 일을 접할 때 당신이 할 수 있는 최선의 방법은 불쌍해서 어쩔 줄 몰라 하는 게 아니라 도움을 주는 것이다. 당신의 힘이 닿는 한 최고의 모범이 되어라. 당신이 필요한 것보다 많이 가지고 있다면 이제는 사람들에게 베풀어야 한다.

어떻게 생각하고 행동해야 할지 막막할 때는 의지를 발휘하여 올바른 일을 생각하고 행동하도록 자신을 내몰아라. 의지는 그렇게 활용하라고 있는 것이다. 원하는 것을 얻으려 할 때는 올바른 방침을 꾸준히 지키기 위해 의지를 꺼내 써야 한다. 워틀스의 말처럼 계속해서 '특정한 방식으로' 생각하고 행동하도록 의지를 이용하라.

위에서 제시한 바가 아주 기본적인 원칙인데도 제대로 모르는 사람들이 많다. 당신은 마음속에 훌륭한 생각을 품고 있으며, 의지도 강하다. 그러니 도중에 꼼짝없이 막혀 부정적인 생각이 들기 시작할 때는 의지를 발휘하여 마음속의 생각을 꿋꿋이 지켜 나가야 한다.

앞에서 알려준 **무지와 앎**을 기억하자. 무지는 의심과 걱정을, 의심과 걱정은 두려움을, 두려움은 불안을 일으킨다. 우리는 불안을 억누르려는 경향이 있어서 불안이 우울을 일으키고, 우울이 병이 되어 결국에는 파국으로 이어진다.

우리는 위와 같은 전철을 밟지 않아도 된다. 그 반대편에는 앎이 있기 때문이다. 앎에 이르는 방법은 공부이다. 그곳에는 걱정의 정반대인 깨우침이 기다리고 있다.

# 현재를 중심으로 마음의 질서를 유지하라

지금까지 살펴봤듯, **양극성의 법칙**은 언제나 작용한다. 이 법칙에 따르면 모든 것에는 장단점이 있지만, 사실은 그 어떤 것도 좋고 나쁨을 단호하게 판단할 수 없다. 그저 존재할 뿐이기 때문이다. 우리에게도 장단점이 있다. 장점과 단점이 공존하는 중심에는 모든 것이 그저 존재할 뿐이다. 이 사실을 떠올릴 수 있다면 이제는 우리의 의지로써 올바른 길을 유지하는 것이 쉬워질 것이다.

워틀스에 따르면 생각은 창조적인 힘이 되어 주거나, 창조적인 힘을 일으키는 추진력으로 작용한다. 당신의 내면에는 창조적인 힘이 있다. 역사상 위대한 리더가 하나같이 입을 모아 얘기한 바와 같이 우리는 생각대로 될 수 있다.

당신은 생각하는 대로라면 무엇이든 끌어당길 수 있다. 모든 것은 주파수에 따라 작동한다. 종이라고 부르는 특정 물질은 물질이 진동하는 속도에서 결정된다. 물질은 이전에 나무였고, 그보다 더 전에는 흙이었다. 흙은 씨앗을 끌어당겼고, 씨앗은 끊임없이 에너지를 끌어당겨 큰 나무로 자랐다. 그리고 우리는 나무를 베어 종이로 바꾸었다. 종이는 흙이었을 때와 에너지는 같으나, 다른 속도로 움직이는 점에서 차이가 난다. 또 워틀스는 이어서 다음과 같이 말한다.

특정한 방식으로 생각하면 부자가 되지만, 행동으로 옮기지 않은 채 생각에만 의존해선 안 된다. 수많은 사상가가 암초를 만나 좌초하는 이유도 생각과 행동이 따로따로 움직이는 탓이다.

가만히 누워서 당신에게 오길 바라는 대상을 생각하기만 해도 다 되는 줄로 믿고 있다면, 흰 가운을 입은 사람이 와서 당신을 데려가기에 딱 좋은 상태에 있는 것이다. 당신은 생각에 따라 행동할 수 있고, 그래야 한다. 나가서 실행에 옮겨라. 행동을 해도 성과가 없다면 다시 생각부터 검토하는 게 좋다.

지구에는 식물, 돌, 금속 등 진동을 지니는 수많은 물질이 존재한다. 모든 물질은 에너지이지만 저마다 다른 속도로 진동한다. 얼 나이팅게일의 말처럼 내가 맛있는 옥수수를 심고, 바로 옆에 치명적인 독이 있는 까마중을 심는다면 두 작물 모두 풍성하게 자랄 것이다. 하지만 옥수수는 흙에서 까마중과는 다른 에너지를 끌어당긴다.

**도토리**를 예로 살펴보자. 에너지의 특정 분자가 도토리와 일치하고, 그에 따라 사방에서 그 분자가 도토리로 다가온다. 그렇게 끌어당기는 힘이 개시되면서 특정 에너지가 명령에 잘 따르는 군인처럼 도토리를 향해 행진해 온다. 도토리 안에는 진동수를 통제하는 체계가 짜여 있다.

도토리가 자신과 일치하는 에너지를 끌어당기면 에너지는 도토리와 하나가 된다. 이제 도토리는 점점 확장하면서 흙을 뚫고 올라와 흙과 주변 환경에서 참나무를 만들어 내는 데 필요한 것을 모두 끌어당긴다. 참나무가 되기 위한 에너지는 예전부터 쭉 그 자리에 있다가 도토리 씨앗에 끌려오는 것이다. 흙 속의 도토리와 참나무에게 필요한 우주 안의 에너지가 이렇게 끌어당김의 법칙에 따라 서로 하나가 된다.

> "얼 나이팅게일의 말처럼 내가 맛있는 옥수수를 심고,
> 바로 옆에 치명적인 독이 있는 까마중을 심는다면
> 두 작물 모두 풍성하게 자랄 것이다."

당신도 이상과 같다. 당신의 내면에는 계획이 모두 짜여 있다. 이는 당신이 세운 목표이다. 목표가 없다면 서로 상관없는 생각이 한데 섞여 그때그때 닥치는 대로 행동하도록 당신을 몰아간다. 하지만 명확

한 이미지를 가지고 있다면 당신의 점진적인 성장 아래 이미지가 성공, 만족, 행복, 발전, 승리 등의 모습으로 실현된다. 이와는 달리 혼란스럽다면 이리저리 헤매게 된다. 이는 아주 기본적인 법칙임에도 잘 알지 못하는 사람들이 많다.

그렇다면 우리는 어떻게 해야 할까? 우리의 생각이 그 법칙과 일치하도록 마음을 확실히 다잡아야 한다. 당신의 삶을 모래시계라고 생각해 보라. 모래시계의 위쪽은 미래를, 아래쪽은 과거를 상징한다. 과거는 이미 끝나서 흘러가듯 지나가 버린 일이라 바꿀 수가 없다. 그리고 당신은 모래시계 위쪽에 남은 모래가 얼마인지 모른다. 당신이 알고 있는 것은 단 하나, 바로 지금뿐이다. 그러니 당신의 과거나 미래에 매달려 걱정하지 말라. 진짜 중요한 문제는 당신이 바로 지금 무엇을 하고 있느냐이다.

헤매는 듯한 느낌이 든다면 지금의 상태를 바꾸어라. 혼란 뒤에 질서가 생겨나는 법이며, 질서야말로 최고의 법칙이다. 마음에 질서가 생긴다면 모든 일이 잘 풀리기 시작한다. 그러니 지금 당장 변화를 시도하라.

제9장

# 확고한 결단으로
# 성공을 거머쥐어라

# 부자들의 성공철학

오늘날 큰 영향력을 미치는 성공학의 개념 중 상당수의 근원은 나폴레온 힐로 통한다. 그는 20대 초반에 잡지사에서 기자로 일하고 있었다. 그러던 어느 날 잡지사에서 부유층에 대한 기사를 기획하게 되었고, 당시 전 세계 최고의 부자와 인터뷰하는 절호의 기회를 얻었다. 1908년, 당시 세계 최고의 갑부는 **앤드루 카네기**(Andrew Carnegie)였다. 힐은 카네기와 인터뷰를 하며 세 시간을 보냈다.

그때 힐은 모르고 있었지만, 카네기는 일을 맡길 만한 사람을 찾던 중이었다. 카네기는 헨리 포드, 토머스 에디슨, 하비 파이어스톤*(Harvey Firestone, 세계적인 타이어 제조 기업 파이어스톤 사의 창업주)을 비롯해 자신과 동류에 속하는 사람들이 성공 노하우를 뼛속 깊이 묻어둔 채 무덤으로 들어가는 것은 심각한 범죄라고 생각했다. 이들 모두는 빈손으로 시작해 부를 이루었다. 카네기는 아주 어릴 적부터 스코틀랜드에서 미국 동부 연안으로 건너와 가진 것 없이 시작했지만, 세계 최고의 갑부가 되었다.

카네기는 힐과 인터뷰를 나누며 '이 기자가 내가 찾고 있는 사람일지 모르겠군.'이라는 생각을 했다. 사실 카네기는 자신의 모든 노하우를 정리하여 누구나 이해할 수 있는 성공의 법칙을 책으로 써 줄 적임자를 찾던 중이었다.

세 시간에 걸친 인터뷰를 마무리할 때, 카네기는 힐에게 "아직 인터뷰 안 끝났어요. 이건 시작일 뿐이에요."라는 말을 건넸다. 그러더니 힐에게 함께 집으로 가자고 청했다. 마침 힐은 호텔을 예약할 만큼 주머니 사정이 넉넉지 못했기에 속으로 쾌재를 불렀다.

호텔에 숙박할 돈도 부족해 쩔쩔매던 처지에 세계 최고 갑부의 집에 가다니, 햇병아리 기자의 마음이 어땠을까? 어쨌든 출장의 일환이긴 했지만, 힐은 카네기와 3일이나 함께 지냈다. 카네기는 힐에게 줄기차게 질문을 던졌고, 힐은 그 질문에 계속 답했다.

3일이 끝나갈 무렵 카네기는 '이 친구가 적임자인 것 같군.'이라고 확신했다. 이에 그는 힐에게 다음과 같은 질문을 한다.

"나폴레온, 이제 당신은 모든 정보를 들었으니, 내가 어떻게 성공했는지 정확히 알게 되었을 거예요. 나는 3일 동안 당신에게 나의 철학을 모두 알려 줬어요. 그래서 말인데, 묻고 싶은 게 있어요. 혹시 최소 20년 동안 물질적 보상을 전혀 받지 못할지도 모를 생각을 위해 남은 평생을 바칠 마음이 있나요?"

힐은 모르고 있었지만, 그때 카네기는 아무도 보지 못하도록 책상 밑에 스톱워치를 쥔 상태에서 그에게 60초의 답변 시간을 주고 있었다. 29초가 흐른 순간 힐이 "네, 있습니다."라고 대답했다. 이에 카네기는 힐에게 다음과 같은 요청을 한다.

"당신이 성공의 법칙을 정리해서 글로 써 주었으면 해요. 내가 세계에서 가장 성공한 사람 몇 명에게 소개장을 써 줄게요. 그러면 어렵지 않게 이 사람들을 만나볼 수 있을 거예요. 만나서 같이 지내 봐요. 이런저런 질문도 해 보고요."

카네기가 이어서 계속 말했다.

"나폴레온, 이 일을 끝내기 한참 전에도 당신의 마음이 그만두고 싶다고 절규할 거예요. 그런데 나는 당신에게 지원금을 대지 않을 생각이니 당신이 알아서 해 나가야 해요. 하지만 그만두고 싶을 때 꺼내 쓸 수 있는 무기를 알려 줄게요. 마음속으로 '앤드루 카네기, 두고 봐요. 내가 당신과 맞먹을 만큼 성공할 테니. 거기에서 멈추지 않고 당신에게 도전할 만한 자리에 올라 그랜드스탠드<sup>*</sup>(grandstand, 경기장이나 경마장 등에서 지붕이 씌워진 관람석)에서 당신을 스쳐 지나가겠어요.'라고 말하는 거예요."

빈털터리였던 힐은 세계 최고의 갑부를 쳐다보며 카네기가 일러준 말을 다짐하듯 따라 말했다. 말은 그렇게 했지만, 힐은 이내 펜을 바닥으로 던지며 "그런데 너무 잘 아시잖아요. 제가 어떻게 그런 사람이 돼요?"라고 따져 묻기 시작했다.

하지만 카네기는 잠재의식에 생각을 심으면 그 생각이 반드시 이루어진다고 말했다. 이것이 바로 자신이 3일 동안 했던 설명의 핵심이라고 강조했다. 그러면서 카네기는 "30일 동안 매일 밤낮으로 거울을 보면서 그 다짐의 말을 거듭하겠다고 약속해 줘요."라는 말을 덧붙였다. 이에 힐은 "해 보겠습니다."라 답했다.

막상 해 보니 힐은 바보가 된 느낌이 들어 '가소로운 얘기지. 그게 되겠어?'라는 생각이 들었지만, 계속해 보기로 했다. 그렇게 약 15일이 지나자 가능할 수도 있겠다는 생각이 들었다. 어쩌면 30일 안에는 가능하지 않을까 하는 확신이 들었다.

지금부터는 힐이 모은 정보를 공유하려 한다. 나는 이 내용을 아주 오랫동안 연구해 왔고, 이를 통해 카네기가 50명의 갑부를 탄생시켰다는 결론을 내렸다. 이에 따르면 나폴레온 힐은 수백만 명의 갑부를 탄생시킨 것과 다름없다. 이후 힐은 비전을 얻어 유력 인사들과 아는 사이가 되었다. 그가 직접 만나 이야기를 나눈 리더 중에는 토머스 에디슨, 헨리 포드, 하비 파이어스톤도 있었다.

이쯤에서 당신의 책임 파트너로 삼을 만한 사람은 누가 있는지 자문해 보자. 어떤 사람과 어울려 지내는 게 좋을까? 나에게 정말로 도움이 될 사람은 누구일까? 나는 성과를 내지 못하는 사람과 어울리려 하지 않는다. 그 사람의 생각이 내 잠재의식으로 들어오기 때문이다.

한편 시카고의 방송인이었던 얼 나이팅게일은 로이드 코넌트와 좋은 파트너가 되었다. 이후 두 사람이 힘을 합쳐 만든 〈가장 낯선 비밀(The Strangest Secret)〉이라는 오디오 강연은 전 세계적으로 100만 장이 넘게 판매되었다. 녹음 강의 부문에서 첫 골드 레코드 상을 받았을 무렵엔 나도 두 사람과 함께 일하고 있었다.

1963년에 나는 클레멘트 스톤이 발간하는 잡지 〈석세스 언리미티드(Success Unlimited)〉를 손에 넣게 되었다. 그 잡지는 그가 세운 보험회사의 사보로, 잡지를 들춰보던 중 한 구인 광고가 눈에 띄었다. 나이팅게일과 코넌트의 회사에서 컨설턴트를 구하고 있었다. 나는 그 순간 한번 지원해 보자는 생각이 들었다. 그 후 1968년 무렵이 되고, 나는 그 회사의 영업 부사장이 되었다.

마음속으로 질문을 던져라.
나의 책임 파트너로 삼을 만한 사람은 누가 있을까?
어떤 사람과 어울려 지내는 게 좋을까?
나에게 정말로 도움이 될 사람은 누구일까?

그 비결이 궁금하지 않은가? 바로 오디오 강연을 반복해서 듣고 또 들으며 내 멘토의 말에 계속 귀 기울인 덕분이었다.

> "당신의 의식에 생각을 품고, 그 생각을 계속 붙잡아 두어 잠재의
> 식에 심어라. 그러면 그 생각이 점점 자라 소망이 되고, 결국에는 당
> 신의 진동을 바꾸면서 성과를 얻게 된다."

이것이 나폴레온 힐이 우리에게 알려준 철학의 골자이다.

# 성공을 부르는 확고한 결심

우리의 인생이라는 영화 속에서 대다수 인물은 엑스트라이다. 그렇다면 다음 질문에 답해 보라. 당신이 진정으로 원하는 것은 무엇인가?

진동의 수준을 주파수로 생각해 보자. 당신은 특정 주파수대에서 생각하고, 그 생각이 모여 당신이 성취한 현재의 성과를 이끌어 낸다. 그런데 성과가 만족스럽지 못한 나머지 "내가 가고 싶은 목표는 저기인데."라고 한탄한다. 또 한편으로는 "바뀌기만 하면 당장 실행에 옮겨야지. 돈이 생기기만 하면 당장 할 거야. ○○하기만 하면 당장 할 거야."라 말하기도 한다. 그러다 이내 소망이 사라지고 이루려던 목표마저 사라진다.

왜 그런 상황을 마주하게 되는 걸까? 생각은 낮은 주파수대에 있는 반면, 목표는 그보다 훨씬 높은 대역에 있기 때문이다. 목표를 이루려면 마음과 생각이 목표와 같은 주파수대에서 작동해야 한다. 그렇지 않으면 목표는 절대 실현되지 않는다. 여기에는 '그래, 해 보는 거야.'와 같은 확고한 결심이 필요하다. 부의 과학에 입문하려면 일반적인 결심만으로는 안 된다. 그러다가는 빈둥거리며 시간을 낭비할 것이 뻔하니, 차라리 '그래, 해 보자.'라는 **확고한 결심**이 필요하다.

확고한 결심을 내리면 어떤 일이 일어나는지 알아보자. 결심을 했다면 당신이 되고 싶은 사람처럼 생각하고 행동해야 한다. 그러면 주파수가 더는 낮아지지 않는 것을 감지할 수 있다. 그 뒤 더 높은 주파수로 올라선다. 그 주파수에 머물면서 그에 걸맞은 생각을 시작하면 목표는 틀림없이 실현된다.

결심을 내리는 데 필요한 단 하나의 전제 조건은 간절하게 원하는 마음이다. 그 일을 정말로 하고 싶은가? 힐이 카네기와 3일을 함께 보내며 모든 설명을 듣고 난 후에 차츰 깨달은 것도 바로 이 점이다.

하지만 대다수 사람은 결심하는 방법을 배운 적이 없다. 때가 되면 하겠다고 마냥 빈둥거리며 시간을 흘려보낸다. 이와는 대조적으로 성공한 사람들은 아주 빠르게 결단을 내린다. 카네기가 대답을 요구했을 때, 나폴레온 힐은 겨우 29초 만에 답변을 내놓았다.

하지만 힐은 결단과 더불어 한 가지를 더 결심했다. 바로 자기 절제였다. 이는 목표 실현을 위해 반드시 필요한 것이었다. 무슨 일이 생기더라도 법칙에 따라 살도록 자신을 절제해야 한다. 나는 이 점을 내 마음에 깊이 새겨 놓았다. 당신도 그러길 바란다. 스스로 지시를 내리고, 이에 따를 줄 알아야 한다.

또한 목표가 있어야 한다. 주머니에 넣고 다니는 명함에 목표를 써 두어라. 나는 1961년 10월 21일 이후부터 한결같이 그렇게 해왔다. 그날 나는 1970년 새해 첫날에 내 수중에 25,000달러를 가지고 있겠다는 목표를 썼다. 나 자신에게 거의 10년의 목표 달성 기간을 주었던 셈이다.

정말로 목표가 실현될 것이라 믿지는 않았지만, 명함에 거짓말을 적어놓고 계속해서 읽다 보면 그 말을 차츰 믿게 된다. 걸출한 심리학자 윌리엄 제임스(William James)는 오래전인 1900년에 "믿어라. 그러면 그 믿음이 현실이 될 것이다.(Believe, and your belief will create the fact)"라고 말했다. 그러나 이게 말처럼 쉬운 일은 아니다. 무척 힘든 일이다.

60년은 긴 시간이다. 그 시간 동안 나는 이상의 내용을 끊임없이 공부했으며, 지금도 매일 계속하고 있다. 이를 통해 내가 깨달은 바에 따르면 기존의 현실과 싸우는 식으로는 아무것도 바꾸지 못한다.

변화를 일으키려면 기존의 모델을 낡고 쓸데없는 것으로 생각할 새로운 모델을 세워야 한다. 여기에서 알려주는 가르침을 공부하면 그러한 모델을 세우는 데 도움이 된다. 그 가르침을 따르는 데 전념하고, 이를 가능한 한 많은 사람과 공유하라. 당신이 할 수 있는 일에는 한계가 없다.

"결심을 내리는 데 필요한 단 하나의 전제 조건은

간절하게 원하는 마음이다.

그 일을 정말로 하고 싶은가?"

# 과감히 제자리를 박차고 일어나라

　이번에는 세 가지 목표로 관심을 돌려 보자. A형 목표는 이미 성취할 방법을 아는 목표, B형 목표는 할 수 있겠다는 자신감을 내포한 활동이 수반된 목표이다. C형 목표는 정말로 이루고 싶지만, 어떻게 해야 할지 방법을 잘 모르는 목표이다.

　그런데 방법을 꼭 알고 있지 않아도 상관은 없다. 우리는 더 높은 목표를 향해 나아가야 한다. 그래야 모든 것이 가능해지기 때문이다. 그리고 그 목표는 당신이 내쉬는 숨보다 가까이에 있다. 다만 패러다임이 우리를 막는다. 패러다임의 설계는 우리가 할 수 있는 일을 모두 할 수 없도록 막고 있다.

사람들은 가끔 "정신이 완벽하다면 어떻게 영혼에 결핍이 생길 수 있나요?"라고 묻기도 한다. 사실 영혼에는 결핍이 없다. 결핍은 영혼의 표출을 막고 있는 패러다임에서 비롯된다. 당신은 영혼을 소유한 것이 아니라, 당신 자체가 곧 영혼이다. 그렇기에 당신 안에는 완벽함이 깃들어 있다. 이 완벽함이 당신의 안팎으로 표출될 기회를 찾고 있다. 결국 우리가 어떠한 일을 이루고 싶어 하는 이유는 우리 안의 완벽함을 표출하기 위해서이다. 우리가 무엇을 할 수 있는지는 아무도 모른다.

방법을 이미 알고 있는 유형인 A형 목표를 하나의 사례로 살펴보자. 몇 년 전에 한 남자가 나에게 다가와 물었다.


"제 목표에 대해 한 말씀 좀 해 주시겠어요?"

그 말에 나는 "목표가 어떻게 되시는데요?"라고 물었다.

"새 차를 갖고 싶어요."

"좋은 목표군요. 어떤 차를 갖고 싶으신데요?"

"폰티악*(Pontiac, 미국 제너럴 모터스사(Genaral Moters, GM)의 자동차 브랜드)이요."

"저도 전에 폰티악 타 봤는데, 좋은 차예요. 지금은 어떤 차를 모세요?"

"폰티악이요."

"몇 년 타셨는데요?"

"4년이요."

"연식은 얼마나 되었나요?"

"4년이요."

"그럼 4년 전에 폰티악을 신차로 사셨던 거네요."

"네."

"그러면 4년 전에 폰티악을 갖는 방법을 알고 계셨을 텐데, 그것은 좋은 목표가 아니에요. 제 말은 폰티악을 사면 안 된다는 게 아니라, 폰티악을 사는 것이 목표로 삼을 만한 일이 아니라는 얘깁니다. 이룰 방법을 몰라야 좋은 목표입니다."

대다수 사람은 전환기를 맞아 익숙한 활동에서 벗어나게 되면 자신이 해낼 수 있을 것 같은 방식으로 일을 하려고 한다. 이에 '돈이 생기면, 그 사람이 나에게 갚아야 할 돈을 주면, 누군가 나에게 필요한 것을 주면, 그 사람들이 나에게 필요한 일을 해 주면, 모든 게 잘 풀리면 그때 목표를 이룰 수 있을 거야.'라고 생각하기도 한다.

이래서는 아무런 감흥이 없는 시시한 삶이 되어 버린다. 공기가 조금 희박하지만 높은 곳으로 올라야 한다. 환상에 빠져야 한다. 하지만 우리는 어릴 때부터 이를 배우지 않았다. 우리는 새로운 시도를 하다가 지지조차 받지 못하고, 일도 제대로 안 되면 다시 출발점으로 돌아온다. 그래서 대다수 사람이 제자리에서 맴돈다. 이루고 싶은 일에 과감히 도전하라. 자신과 도박을 하라. 당신이 세상에서 가장 확실한 패니까 말이다.

**창조**는 환상, 가설, 현실의 세 단계를 거친다. 어디에서부터 시작해야 할지 막막하다면, 먼저 당신이 원하는 소망을 생각해 본 후 환상에 빠져들어 마음속에 멋진 이미지를 그려라. 다만 환상만으로는 원하는 것을 얻지 못한다. 다음 단계를 밟아야 한다. 즉 환상을 가설로 전환해야 한다.

이성을 활용하면 당신이 원하는 바에 대한 생각을 펼쳐 나갈 수 있다. 하지만 가설을 목표로 전환하려면 먼저 두 개의 질문에 답하여 검증해야 한다. 먼저 '내가 이 일을 할 수 있을까?'라는 질문에 답해 보자. 당신은 무한한 잠재력을 가진 사람이므로 당연히 할 수 있다.

그다음 '나에게 이 일을 할 의지가 있나? 이 일을 위해 필요한 일을 모두 할 마음이 있는 건가?'라는 질문도 던져 보자. 당신도 힐처럼 무슨 일이 있어도 해내겠다는 의지가 있어야 한다. 나는 오디오 강연과 멘토의 가르침을 읽고 들은 후에 목표를 반드시 이루겠다고 결심했다.

1973년, 나는 시카고에서 계속 다니던 나이팅게일-코넌트사를 단 하나의 이유로 퇴사했다. 당시 나는 이곳에서 강의 음반과 테이프 판매를 맡고 있었다. 그런데 사람들이 강의 음반과 테이프를 사 놓고도 제대로 활용하지 못하고 있음을 발견했다.

나는 즉시 로이드 코넌트에게 가서 다음과 같이 말했다. "로이드, 사람들에게 세미나 테이프를 판매하는 게 좋겠어요. 세미나를 열어서 녹음테이프를 출시하도록 해요." 이에 로이드는 "안 됩니다. 우리 회사의 세미나 사업권은 카네기에게 그대로 맡겨 두고, 우리는 테이프 사업에 계속 주력할 생각이에요."라고 말했다. 그 순간 떠날 때가 되었다는 직감이 왔다.

내가 그 회사에 들어온 것은 교육을 받기 위해서였다. 그리고 당시에는 목표했던 교육을 받은 상태였다. 나는 일리노이주 글렌뷰에 있는 집의 작은 방에 앉아 있다가 펜을 집어 들고 '전 세계를 무대로 활동하는 회사를 세우자.'라고 썼다.

그리고 "그래, 난 할 수 있어. 해낼 의지도 있어."라고 말했다. 그것이 바로 내가 찾던 일이었다! 나는 그 일을 목표로 삼아 목표를 이루었다. 현재 우리 회사는 여러 이벤트를 개최하며 끊임없이 세계 전역을 누비고 있으며, 92개국에 컨설턴트를 두고 있다.

하나의 목표를 성취하면 더 크고 뛰어난 상상을 펼칠 수 있는 입지에 오르게 된다. 그것이 창조적 과정이다. 따라서 당신의 능력을 최대한 발휘하고, C형 목표를 추구해야 한다. 목표에 이르는 방법은 몰라도 되지만, 당신이 목표를 이뤄 나가리라는 확신을 가져야 한다. 지금까지의 내용을 다음과 같이 간단하게 정리하겠다.

## 목표의 세 가지 유형

1. A형 목표: 이루는 방법을 이미 알고 있는 목표이다.
2. B형 목표: 해낼 수 있을 것 같지만, 아직 완전한 확신은 없는 목표이다.
3. C형 목표: 정말로 이루고 싶지만, 어떻게 해야 할지 방법을 잘 모르는 목표. 크게 성공한 사람들은 이 유형의 목표에 집중한다. 방법을 찾아낼 수 있을 거라고 확신하며 당장 방법을 몰라도 멈추지 않는다.

한편 나폴레온 힐은 다음과 같은 말을 한 적이 있다.

> **"무언가를 바라는 일과 원하던 것을 받아내기 위해 준비하는 일**
> **은 서로 별개의 문제이다. 누구든 바라는 것을 얻을 수 있다는 믿음**
> **을 갖기 전까지는 그것을 받아 낼 준비를 할 수 없다. 즉 우리의 마음**
> **이 단순한 희망이나 바람이 아닌 믿음의 상태에 있어야 한다."**

사람들은 대부분 목표가 실현되기를 희망하지만, 그것만으로는 효과가 나지 않는다. 목표가 반드시 이루어질 것이라 믿어야 한다. 모든 것은 믿었을 때 비로소 실현되어 간다. 나폴레온 힐이 말한 바와 같이 인생 목표를 높여 풍요로움과 부유함을 끌어내는 일이나, 불행과 가난을 받아들이는 일 모두 들어가는 노력의 양은 같다.

또한 주파수는 진동의 수준을 뜻한다. 세상에는 무한한 유형의 주파수가 존재한다. 그리고 위쪽과 아래쪽 주파수는 경계 없이 서로 연결되어 있기에 우리의 오감을 초월한다. 따라서 4차원으로, 그 이상의 고차원적인 생각으로 들어가 신체를 초월해야 한다.

아인슈타인에 따르면 직관은 신의 선물이며 논리는 충직한 시종이다. 그런데 우리는 선물은 잊어버린 채 시종을 떠받드는 사회를 만들어 냈다. 우리에게는 고차원적 능력인 관점, 기억력, 상상력, 이성, 직관, 의지를 모두 갖추고 있다. 이들 능력은 우리를 보이지 않는 것과 연결해 주는 도구이다.

당신의 삶을 진솔하게 바라보면 어떤 과정으로 지금에 이르렀는지 알게 될 것이다. 당신의 안에 있는 것은 모두 고유한 인식이 표출된 것이다. 학교를 졸업하고 처음으로 취업했을 때, 아니면 배우자를 만났을 때, 비행기에 처음 탔을 때를 떠올려 보라.

그리고 당신이 도달한 위치가 어디쯤인지 짚어 보자. 당신은 아마 지금의 위치에 만족스럽지 않을 것이다. 더 먼 곳에 도달하기를 바랄 것이다.

그렇다면 왜 이런 생각이 드는 걸까? 이는 당신이 정신적인 존재이며, 정신은 언제나 확장과 충만한 표출을 갈구하기 때문이다. 그렇다고 당신이 가고 싶은 곳에 이를 방법을 반드시 알아야 하는 것은 아니다.

우리는 어렸을 때 "엄마, 아빠, 이거 하고 싶어요!"라는 말을 곧잘 했다. 그러나 부모님은 보통 "그럼 어떻게 할 건데?"라고 대답한다. 당시의 우리는 방법을 몰랐기에 그냥 잊어버린다. 그렇게 소망도 사라졌다.

우리는 AM 주파수에 살면서 FM 음악을 들으려 애쓰고 있다. 해봤자 되지도 않을 일을 하고 있다는 것이다. 마찬가지로 형에게 전화를 걸면서 어머니에게 연결되길 바랄 수는 없다. 그렇기에 당신이 바라는 선의 주파수에 맞춰야 한다.

믿음이 특정한 상태와 일치하며, 스스로 하고 싶은 일을 할 수 있다고 믿는 순간 당신은 혼연일체가 된다. 감정적, 지적, 물리적으로 이입되면서 당신의 존재가 온전히 그 주파수로 진동한다. 물론 방법은 모르더라도 당신의 내면에서 목표를 이룰 수 있음을 깨닫는다.

위의 과정을 거쳤다면 새로운 의식적 인식 상태가 당신의 집이 된다. 당신은 그곳을 떠나지 말고 그곳에서 그대로 머물러야 한다. 그

곳이 당신의 집이고 작업실이기 때문이다. 당신이 관찰력이 좋은 사람이라면 외부의 현실이 당신이 상상한 모델에 따라 형태를 갖추는 것이 보일 것이다.

그리고 높은 주파수로 옮겨가면 오감이 닿지 못하는 완전히 낯선 세계와 소통하게 된다. 방법이 보이지 않을 테지만 상관없다. 나를, 그리고 이 책에서 만난 저자들의 말을 믿어라. 옆집 사람이나 처남의 얘기에 더는 흔들리지 말라.

애플의 창립자였던 스티브 잡스(Steve Jobs)는 미래를 생각하면서 점을 이을 수 없으며, 과거를 돌아볼 때야 비로소 이을 수 있다고 말한 바 있다. 도달하고 싶은 곳에 이르러 뒤를 돌아볼 때는 모든 상황이 어떻게 일어났는지 볼 수는 있어도 앞으로 무슨 일이 일어날지는 모른다는 얘기다. 그렇기에 믿어야 한다. 그래야 걸음을 뗄 수 있다. 그리고 걸어 나가다 보면 희한하게도 조각들이 착착 들어맞는다.

"높은 주파수로 옮겨가면 오감이 닿지 못하는 완전히 낯선 세계와 소통하게 된다."

밥 프록터

# 두려움 속에 원하던 보물이 있다

우리는 생각 에너지의 흐름을 제어해야 한다. 그 에너지가 자유롭게 당신을 통해 순환하도록 해야 한다. 이를 인정해야 높은 생각의 주파수로 이동할 수 있다. 그리고 이에 대한 당신의 결심이 필요하다. 그다음에는 새로운 주파수에 상응하는 생각과 느낌에 적응해야 한다. 이 과정에서 타인은 당신을 도와줄 수 없으니 모든 것을 혼자서 해결해야 한다.

물론 항상 쉽기만 한 일은 아니다. 조금이라도 움직이는 기미가 있다면 즉시 당신의 패러다임이 말 그대로 싸움을 걸어올 것이다. 따라서 의식적으로 패러다임을 제어하여 변화를 유도해야 한다. 그렇지 않으면 제자리 신세를 면치 못한다. 이때 타인에게 도움을 받을 수는 있겠지만, 궁극적인 해결의 열쇠는 당신에게 있다.

내가 당신에게 진심으로 원하는 것을 묻는다면, 당신은 생각이 떠오르더라도 이내 접어 버릴지 모른다. '나는 못 해. 우리에게 그럴 만한 여유가 없잖아. 그 일을 하기에 적절한 인맥도 없고.'라며 말이다. 물론 벽에 부딪힐 수도 있겠지만, 부딪힌 곳은 사실 벽이 아니다. 그저 당신의 상상일 뿐이다.

당신이 목표에 집중하려면 성장의 네 단계를 거쳐 깨달음과 자유에 이르러야 한다.

첫 번째 단계는 구속이다. 본질적으로 당신은 **X형 길들임**[*](미국의 경영학자 더글러스 맥그리거(Douglas McGreger)의 인간관 및 동기부여 이론인 X이론과 관련된바, 게으르고 타율적이라 강압과 명령이 아니면 행동하지 않는다고 보는 관점을 지지한다)에 묶여 있다. 오랫동안 이와 같은 길들임의 영향으로 X형으로 처신하고 행동하며, 생각하는 등의 생활을 하면서 결과 또한 X형으로 도출된다.

위와 같이 대다수 사람은 구속되어 있다. 심한 스트레스에 시달리는 누군가가 같은 행동과 생각을 여러 번 반복한다면 그 사람은 곧 구속된 상태라고 할 수 있다.

"목표에 집중하려면 성장의 네 단계를 거쳐 깨달음과 자유에 이
르러야 한다."

샌디 갤러거

계속해서 성장하려면 구속의 단계에서 빠져나와 이성의 단계로 진
입하여 **Y형 생각**[*](더글러스 맥그리거가 창시한 Y이론과 관련되어 있는데, 이
는 X이론과 달리 인간은 조건, 즉 동기부여 요인에 따라 책임을 떠맡거나 자진
하여 책임을 지려는 관점을 따른다.)을 품기 시작해야 한다. Y형 생각은
당신의 익숙한 사고방식과는 다른, 큰 생각이다. 이러한 생각을 품기
시작하더라도 아직은 의식에서만 이루어지기에 여전히 X형 행동으
로 X형 결과에 이른다. 이 단계에서는 앞 단계보다 통과하는 사람이
훨씬 적어서 통과자의 비율이 소수에 그친다.

이성의 단계를 통과하면 **공포의 장벽**이라는 단계로 들어선다. 여기
에서는 훨씬 더 적은 사람이 통과하여 마지막 단계인 자유의 단계에
이른다. 이 단계야말로 모두가 도달하고 싶어 하는 지점이다.

그러면 그에 대해 좀 더 자세히 알아보자. 당신이 마음으로는 자유
의 단계에 도달하고 싶어 하지만 온통 X형 길들임에 조화되어 있다
고 가정해 보자. 형이상학 작가 토머스 트로워드(Thomas Troward)는
앞의 상태를 '**무지의 악순환**(Circle of Ignorance)'이라고 명명하며, 그
개념을 다음과 같이 설명했다.

우리는 습관적으로 다른 것보다도 기계적인 측면을 우선시한다. 이에 따라 가구의 부품에서부터 사회 체계의 배치에 이르기까지 모든 것이 기계적으로 이루어진다. 이는 가장 먼저 고려해야 할 메커니즘이 되었으며, 정신은 그 요구에 합치되어야 한다. 우리는 행동에서도 정신이 아닌 기계적 측면을 다룬다. 동시에 정신은 크게 제한시킴으로써 정신의 자유로운 작용을 용납하지 않는다. 결과적으로 우리는 그것만이 유일한 행동 유형이라고 믿으며, 철저히 기계적인 행동에 이르러 무지의 악순환을 완성한다.

당신이 위와 같은 구속의 단계에서 잠재의식이 X형 길들임에 빠져 있다고 가정해 보자. 당신의 인격 중 감정적 측면에 속하는 잠재의식이 당신의 패러다임으로 작용한다. 이에 따라 당신이 의식으로 X형 생각을 품으려 한 나머지 무수한 생각이 흘러들어도 X형 길들임에 일치하지 않는 생각은 모두 흘러 나가 버린다. 이 단계를 통과하여 새로운 생각을 해야 한다. 다시 말해 당신의 인식 수준에서 지금껏 받아들인 적이 없던 생각을 품어야 한다는 것이다.

위 단계를 통과하여 삶 속에서 결과에 변화를 일으키려면 스스로 '이제부터 내 의식을 넓혀야겠다.'라고 선언하며 두 번째 단계인 이성의 단계로 넘어가야 한다. 당신이 원하는 크고 멋진 생각을 품으며, 사유를 통해 의식 속에서 여러 번 시도하라. 그리고 지적 능력인 상상력을 발휘하다 보면 '와! 내가 할 수 있었네.'라는 생각에 이르게 될 것이다.

그러면 그 생각을 잠재의식에 각인시킴으로써 성취를 이루어 낸 자신의 모습을 보게 될 것이다. 그러나 그 과정에서 공포의 장벽에 부딪혀 걱정, 의심, 두려움, 불안이 당신을 덮칠 것이다. 마치 중앙 신경계에 합선이 일어난 듯한 상태가 되어 빨리 안전지대로 돌아가고 싶은 마음밖에 들지 않게 된다.

사람들은 대부분 그렇게 난관에 봉착한다. 힘들게 먼 길을 왔음에도 공포의 장벽 앞에서 황급히 안전한 곳으로 다시 도망친다. 이를 거듭 되풀이하다가 시간이 지나면 '뭐, 여기도 그렇게 나쁘지 않잖아.'라는 생각도 하게 된다.

우리를 두려움에 빠트리는 지점이 불현듯 나타나는 이유는 기존의 길들임과 새로운 길들임이 서로 물과 기름 같은 사이이기 때문이다. 이 두 가지가 서로 충돌하여 진동을 교란시킨다. 이러한 상태는 사람에 따라 두통, 매스꺼움 또는 혼란과 불안을 유발한다.

위의 경험은 공포의 장벽에 부딪혔다는 신호로, 이는 의외로 자연스러운 현상이다. 이는 당신의 꿈이 패러다임에 저항하는 중이므로 패러다임의 승리를 허용해서는 안 된다. 그러나 사람들은 안타깝게도 공포의 장벽을 통과하지 못하고 번번이 패배한 채 안전지대로 되돌아가면서 자존감이라는 사다리를 걷어차 버린다. 하지만 미국의 유명한 신화종교학자이자 비교신화학자 조지프 캠벨(Joseph Campbell)이 말한 바와 같이 "들어가기 무서워 보이는 동굴 안에 당신이 찾는 보물이 있다.(The cave you fear to enter holds the treasure you seek)"

> "당신의 꿈이 패러다임에 저항하는 중이므로 패러다임의 승리를 허용해서는 안 된다."
>
> 샌디 갤러거

두려움에 직면하면 당신이 추구하는 성장을 저절로 경험하게 된다. 성장을 추구하는 주체는 당신의 정신이다. 즉 성장이야말로 당신이 절실히 원하는 것이다. 그리고 성장은 당신이 마음속에서 바라는 열망이기에 당신을 분발케 한다. 성장을 당신의 손에 움켜쥐려면 다음 단계로 진입하라. 그곳에 자유가 있다.

이제는 당신의 생각을 잠재의식에 각인시킬 단계다. 여전히 기존의 패러다임과 새로운 패러다임이 뒤섞여 있는 에너지이기 때문에 그 생각을 거듭해서 새겨야 한다. 두 패러다임을 계속해서 섞다 보면 마침내 당신의 패러다임이 바뀐다.

이 시점에서 당신이 해야 할 일은 더 크고 훌륭한 목표를 세우는 것이다. 하지만 당신은 이미 자유를 맛보았고, 자유는 우리 정체성의 본질이기에 이를 만끽하고 있다. 정신은 그와 같은 자유와 확장을 원한다.

또한 앞에서도 언급했던 **조급함**을 다시 한번 살펴볼 만하다. 조급함은 곧 두려움이며, 우리에게 해로운 영향을 미친다. 그렇기에 공포의 단계에서는 조급함에 빠지기 쉽다. 가만히 서 있는데도 다리가 제자리 뛰기를 하는 느낌이 들면서 그 자리를 벗어나고 싶은 마음밖에 남지 않는다.

그렇다면 냅다 내달려 다시 돌아가겠는가, 아니면 공포의 장벽을 통과하겠는가? 통과하려면 장벽 너머로 점프하라. 시도하다 보면 어느새 등 뒤에 날개가 돋아날 것이다!

공포의 장벽을 통과했다면 자부심과 자신에 대한 감사의 마음이 차오를 것이다. 때로는 이메일을 받거나 대화를 나누다 제대로 된 길을 가고 있음을 확인하면서 뿌듯함마저 들기도 할 것이다. 이에 그 내용을 출력해 코팅해서 보관해 두고 싶다는 생각이 들 수도 있다.

이제부터는 정말로 잘 생각해서 다음 질문에 답하기 바란다. 당신은 바로 지금 어느 단계에 있다고 생각하는가? 전부터 그러한 과정을 통과하여 삶에 몇 가지 큰 변화를 겪었을 수도 있다. 그러면 성장도, 공부도, 노력도 멈출 수 있다. 다시 한 번 묻겠다. 당신은 지금 어느 단계인가? 이는 진지한 태도로 마음속을 향해 던져야 할 단 하나의 질문이다.

그리고 의지를 발휘하여 생각을 바꾸고 강한 흐름에 저항해야 한다. 이는 무엇보다 중요하며 핵심적인 사항이다. 그리고 매일 당신이 할 수 있는 모든 노력을 하라. 효과가 있다는 증거가 보이지 않을 수도 있다. 그러나 생각을 품고 감정을 이입하여 잠재의식에 새기면서 생각과 일치하게 행동하는 것이 곧 효과가 나타나고 있다는 증거이다.

또한 노력 속에서 의지로 당신의 생각을 바꾸고, 그 흐름에 저항함으로써 공포의 장벽을 넘어서라. 성취는 우연히 이루어지지는 않지

만, 막상 실현하고 나면 그야말로 환상적이다. 당신의 정신은 확장과
충만한 표출을 원하기 때문이다.

## 목표를 이루는 과정에서 경험하는 성장의 4단계

1. 1단계: 구속
2. 2단계: 이성
3. 3단계: 공포의 장벽
4. 4단계: 자유

제10장

# 사소하지만 위대하게, 매 순간 성장하라

# 더 많은 것을 갈구하라

인간이라면 누구나 성장을 원한다. 이에 월러스 워틀스는 성장에 대해 어떤 말을 했는지 살펴보자.

성장은 남녀를 불문하고 모두가 추구하는 지향점이다. 우리 안에 있는 무형의 지성이 자신을 충만하게 표출하고 싶어 하는 욕구이다. 성장에 대한 욕구는 자연에 내재해 있으며, 우주의 근본적 충동이기도 하다. 인간의 모든 활동은 성장 욕구에 기반을 둔다. 더 많은 음식, 더 많은 옷, 더 좋은 집, 더 많은 명품, 더 아름다운 외모, 더 다양한 지식, 더 큰 쾌감, 더 풍족한 삶을 얻으려는 활동 모두가 성장 욕구에 따른 것이다.

모든 생명체는 끊임없이 진전을 이루지 않으면 안 될 처지에 놓여 있다. 삶의 성장이 멈추면 붕괴와 죽음이 시작되기 때문이다. 인간은 본능적으로 이러한 사실을 알고 있기에 끊임없이 더 많은 것을 추구한다.

하지만 자라면서 더 많은 것을 원해서는 안 된다는 생각이 주입된 사람들이 많다. 이러한 길들임은 수 세대 전으로 거슬러 갈 수도 있다. '그렇게까지 할 필요 없어. 만족할 줄 알아야지. 지금 가진 것으로 만족해.'와 같이 말이다.

더 많이 원하는 것은 이상한 것이 아니다. 이는 우리가 어떤 존재인지, 우리의 정신적 성향을 이해한다면 지극히 당연한 현상이다. 특히 성장을 원하는 욕구에 따라 더 원할 수밖에 없다. 우리는 피조물 가운데 최고의 존재이기에 창조를 원하며, 이 소망이 곧 성장의 욕구이다.

모든 사람이 성장을 원한다는 사실을 깨닫게 되면 자연스레 다음과 같은 생각을 하게 된다. '다른 사람들을 성장시켜 주는 방법은 무엇일까?' 이와 관련해서 워틀스는 아래와 같이 말했다.

"당신 스스로가 성장의 길을 걷고 있다는 확고한 믿음을 품고, 그 믿음에 따라 행동하여 당신의 모든 행동에 믿음이 충만히 스며들게 함으로써 다른 사람들에게 성장의 인상을 전하라."

믿음을 품고 당신이 하는 모든 행동에까지 믿음을 확산시키는 일은 결코 쉽지 않다. 때때로 문제가 생겨 당신의 결핍과 한계가 점차 드러나면서 스트레스를 받는다. 또한 문제를 뿌리치려 애쓰다 보면 부정적인 에너지를 방출하게 된다.

하지만 성장을 이루면서 관점을 바꿔 보면, 문제가 곧 의식적 인식을 끌어올리는 방법이라는 사실을 깨닫게 된다. 그리고 의식적 인식을 높이면 우리가 다른 사람들에게 내줄 수 있는 것도 많아진다. 워틀스의 표현을 빌리자면 우리는 발전적인 생각을 품으며 성장의 인상을 전해야 한다.

우리가 접하는 모든 사람에게 그와 같은 인상을 전달해야 한다. 인식의 지속적인 성장과 확장을 통해 새로운 생각을 품는 것이 중요하다. 그래야 다른 사람들에게 베풀 것도 계속해서 늘어난다.

"우리는 피조물 가운데 최고의 존재이기에 창조를 원하며, 이 소망이 곧 성장의 욕구이다."

샌디 갤러거

당신은 사람들에게 '성장의 인상'을 남기고 있는가? 내가 이러한 질문을 당신에게 하는 이유는 당신의 말과 생각이 주변 사람들에게 전해지기 때문이다. 사람들의 잠재의식이 열려 있다면 당신의 말과 생각이 곧장 마음속으로 들어간다. 또한 당신이 불안, 또는 분노와 좌절, 아니면 결핍이나 한계를 느낀다면 그 감정이 타인에게도 전이된다.

당신은 지금 어떤 감정을 표출하고 있는가? 당신의 생각이 모두 타인에게 영향을 미치니 부정적인 생각 또는 불평불만을 하거나, 사소한 일로 트집을 잘 잡는 사람이 되어서는 안 된다. 당신이 내보내는 것은 모두 당신에게로 되돌아온다는 사실을 명심하라.

시선을 돌려 풍요로움과 기회를 살피고, 이를 진심으로 느껴라. 성장에 관점을 맞추면서 당신이 만나는 모든 사람에게 성장의 인상을 주어라. 모든 사람이 자유, 확장, 표출을 원하는 이유는 풍족한 삶을 원하기 때문이다. 당신이 타인에게 풍족한 삶을 내줄 수 있다면 그 사람들은 당신을 사랑할 것이다.

# 매사에 최선을 다하라

우리의 불타오르는 **영혼**이야말로 패러다임을 바꾸는 가장 강력한 수단이다. 이와 관련하여 얼 나이팅게일은 거세게 몰아치는 파도와도 같은 꿈이 있다고 얘기한 바 있다. 그런 꿈은 당신을 활활 불타오르게 만들어 성장의 계기를 제공한다. 그렇게 당신이 의식을 높이면서 남들에게 더 많은 것을 베풀 수도 있다. 의식이 높아지면 모두에게 성장의 인상을 남기는 능력도 커지기 때문이다.

지금 당신이 삶 속에서 달성한 결과는 당신의 인식 수준을 그대로 내보이는 것이다. 사람들을 잘 지켜보면 인식 수준이 보인다. 타인에게 짜증이 날 때는 상대와 당신의 인식 수준이 서로 다르기 때문이라는 점을 상기하라. 그 사람은 자신이 어느 인식 수준에 있는지, 어쩌다 그 상태에 이르렀는지 모르더라도 당신은 그에 대해 알 수 있다. 그렇다고 상대에게 욕을 하거나 짜증을 내서는 안 된다. 그냥 모르기 때문에 그렇다고 생각하라.

당신 또한 마찬가지이다. 더 높은 인식 수준에 있는 사람과 있을 때는 그 사람의 말이 온전히 이해되지 않을 수도 있다. 그럴 때는 마음을 열어라. 그리고 '괜찮아, 계속 성장하면 돼. 내가 인식 수준을 계속 넓혀 가고 있으니 좋은 결과가 생길 거야.'라 말하라.

물론 배울 만큼 배워 학위가 여럿 있음에도 발버둥 치며 사는 사람들이 있다. 다방면에서 뛰어난 자질이 엿보이는데도 쩔쩔매며 고전을 면치 못하기도 한다. 이와는 다르게 우리가 일반적으로 성공에 필요하다고 여기는 자질이 별로 없어 보이는데도 엄청난 성공을 거두는 사람들이 있다.

그 이유는 우리의 마음속에서 벌어지는 상황 때문이다. 그러니 우리는 항상 마음속에서 어떤 상황이 벌어지고 있는지를 인식하고, 이를 제어해야 한다. 일종의 심리 게임(Mind Game)의 주도권을 잡아야 한다.

효과적인 목표는 인식 수준과 부, 행복, 그리고 마음의 평화를 높이도록 도와준다. 기본적인 생명의 법칙에 따라 우주 만물은 창조나 붕괴의 상태에 놓여 있다. 따라서 당신은 한곳에 가만히 머물러 있을 수만은 없다. 모든 것은 진보 또는 퇴보하고 있기에 앞으로 나아갈 수 있도록 자신을 확실히 다잡는 것이 좋다. 세상에 가만히 머물러 있는 것은 아무것도 없다.

> "우리의 불타오르는 영혼이야말로 패러다임을 바꾸는 가장 강력한 수단이다."
>
> 샌디 갤러거

당신의 삶은 이곳저곳으로 움직이고 있으며, 어느 방향으로 나아가느냐는 당신의 선택에 달려 있다. 당신이라면 어느 쪽으로 가겠는가? 창조를 향해 나아가겠는가? 인식의 수준을 높이겠는가, 아니면 낮춤으로써 붕괴와 퇴보의 길로 향하겠는가? 이들 질문에 대한 답은 모두 당신의 선택에 달려 있다.

우리의 내면에서는 아마겟돈 같은 전쟁이 벌어지고 있다. 당신의 인격적 자질의 일부는 창조 아래 자신을 더 많이 표출하도록 한다. 한편에서는 '잠깐, 여기에 그냥 있어.'라고 꾀며 당신을 끌어내리려 하고 있다. 우리는 이 싸움에서 반드시 이겨야 한다. 그리고 언제나 고차원적인 면을 향해 나아가도록 신경 써라. 이에 워틀스는 아래와 같이 말했다.

"부를 늘리고 싶은 소망은 정상이며, 악하거나 **비난받아야 할 일**이 아니다. 단지 더 풍요로운 삶을 바라는 열망일 뿐이다. 이러한 열망은 인간의 뼛속 깊이 새겨진 본능이기 때문에 모든 사람은 삶의 수단을 더 많이 베풀 수 있는 사람에게 끌리기 마련이다."

당신의 고차원적 자아가 당신에게 창조와 성장을 다그치고 있다. 당신을 억누르고 싶어 하는 과거의 패러다임에 붙들리지 않으려면 계속해서 앞을 향해 나아가 새로운 인식 수준에 올라서야 한다. 방법을 모르더라도 상관없다. 그저 의지가 있다는 점만 알고 있으면 된다. 계속해서 앞으로 나아가며 매일 당신이 할 수 있는 일을 실천하다 보면 새로운 조건과 환경을 만들게 될 것이다. 당신의 환경은 바뀌게 되어 있으며 변화에 적응하다 보면 어느새 다음 단계가 보일 것이다.

"당신의 고차원적 자아가 당신에게 창조와 성장을 다그치고 있다. 당신을 억누르고 싶어 하는 과거의 패러다임에 붙들리지 않으려면 계속해서 앞을 향해 나아가 새로운 인식 수준에 올라서야 한다."

샌디 갤러거

그러면 이제는 다음 단계에서 삶의 고차원적인 단계로 옮겨갈 수 있다. 계속해서 더 높이 나아가다 보면 길이 나타나고, 계속해서 위로 오르다 보면 전쟁도 계속 이어진다. 하지만 앞으로 전쟁에서 승리하면서 더 높이 오르는 일이 점점 쉬워진다.

이쯤에서 소개하고 싶은 지미 카터(Jimmy Carter) 전 대통령과 하이면 리코버(Hyman Rickover) 제독의 유명한 일화가 있다. 이 일화는 카터의 저서 《왜 최선을 다하지 않았는가?(Why Not the Best?)》에 수록되면서 알려졌다. 해군 사관학교 출신인 카터는 핵잠수함 프로그램에 들어가고 싶어 했다. 그런데 핵잠수함 프로그램이 고난도의 작업 능력을 요구하는 탓에 까다로운 면접을 거쳐야 했다. 그중에는 두 시간에 걸친 하이먼 리코버 제독과의 면접도 있었다. 리코버 제독은 당시에 미국의 군대를 통틀어 가장 오래 군에 몸담고 있던 사람이었다. 그는 해군에서 60년이 넘게 복무하며 핵 프로그램의 아버지로 통했다.

카터는 자신이 리코버 제독과 두 시간의 면접이 예정되어 있다는 걸 알고 있었다. 이에 주변에서는 꽤나 혹독한 면접이 될 테니 단단히 각오하라고 했다. 그리고 면접 현장에서 다양한 주제 가운데 카터는 그중에서 가장 좋아하는 분야인 음악과 탄도학을 선택했다.

면접이 시작되자 리코버는 카터에게 잇달아 질문을 던졌고 질문은 갈수록 어려워졌다. 그때 리코버는 눈을 깜빡이거나 미소를 띠지 않은 채로 카터를 똑바로 바라보며 질문을 던졌다고 한다. 이에 카터는 어느새 진땀이 흐르는 지경이 되었다. 어떤 주제든 자신의 지식이 부족하다는 사실을 얼마 지나지 않아 깨달았기 때문이다. 리코버가 자신보다 훨씬 더 해박하다고 느꼈을 정도였다.

그 와중에 리코버가 해군 사관학교에 대한 주제로 넘어가며 "해군 사관학교 생도 시절에는 어땠나?"라는 질문을 했다. 그 질문에 카터는 마음이 놓였다. 사관학교에서 성적이 아주 좋았기 때문이다. 카터는 가슴을 쭉 펴고 "820명 중 59등이었습니다."라고 대답했다.

카터는 리코버에게 칭찬을 들을 거라고 기대했으나, 리코버는 그를 빤히 바라보다가 등을 돌리고 돌아앉으며 다른 질문을 던졌다. "그때 최선을 다했나?" 이에 카터는 잠시 생각에 잠겼다가 최선을 다했다는 대답을 하려고 했다. 하지만 그것은 리코버가 원하는 대답이 아니라는 감을 잡고 "그렇진 않았습니다. 모든 분야에서 최선을 다하지 않았던 것 같습니다."라 말했다.

리코버는 카터를 잠시 돌아보았다가 "왜 최선을 다하지 않았나?"라 되물었다. 그러고 나서 다시 카터에게 등을 돌리더니 다시는 돌아보지 않았다. 카터는 참담한 기분으로 면접장에서 걸어 나왔다. 하지만 그 일은 결과적으로 그에게 약이 되었다. 그 질문이 카터에게 항상 최선을 다하도록 분발하는 요인이 되었기 때문이다. 그 덕분에 마침내 백악관에 입성하게 되었다. 이상과 관련하여 워틀스는 다음과 같이 말한다.

> "계속해서 성장하면서 창조의 중심이 되어 당신과 마주하는 모든 이에게 성장을 전하라."

지금까지의 진실에 대한 인식을 끊임없이 높이면 무한한 성장을 이룰 수 있다. 그것이 매사에 최선을 다하라는 워틀스와 리코버의 메시지이다. 이와 관련하여 작가 로버트 러셀(Robert Russell)은 "위대함에는 비결이 따로 없다. 그냥 매일매일 작은 일들을 위대하게 하면 된다.(There's no secret to greatness. It's just doing small things in a great way every single day)"라는 말을 남겼다.

이 책을 끝마치면서 중요한 사실을 상기시켜 주고 싶다. 당신의 인생은 한 번뿐이다. 당신 또한 한 번뿐인 인생을 살고 있다. 지금 당신이 진정으로 살고 싶은 대로 살고 있지 않다면, 지금이라도 바꾸는 것이 좋다.

"위대함에는 비결이 따로 없다. 그냥 매일매일 작은 일들을 위대하게 하면 된다."

로버트 러셀